新版

密教の秘密

そこに奇蹟がある

池口恵観

KKロングセラーズ

修行中の著者

はじめに

本書で述べるように、わたしは、五百年続いた修験道《しゅげんどう》の家系に生まれた行者である。わたしで十八代目になる。わたしは、その修験の血を継ぎ、幼い頃から、絶え間のない「行」を重ね、その結果、多くの「法力」「霊力」を身につけ、その力でたくさんの人たちを救うことができた。

ときには、行の辛さにくじけそうになることもあった。そんなわたしを励まし、ムチ打ち、支えてくれたのが、わたしが毎日の行で必ず読誦《どくじゅ》する『理趣経《りしゅきょう》』というお経の中の次の一節であった。

「菩薩勝恵者《ホサツシヨウケイシヤ》　乃至盡生死《ダイシシンセイシ》　恒作衆生利《コウサクシユウセイリ》　而不趣涅槃《ジフシユデツパン》」

現代語に訳せば、「ぼさつは勝れし恵《ちえ》をもち、なべて生死の尽くるまで、恒《つね》に衆生の利をはかり、たえてねはんに趣《おもむ》かず。」（金岡秀友訳『密教図典』筑摩書房）――つまり、すぐれた知恵をもった菩薩は、およそこの世に生きとし生けるものすべてが幸せになるまでは、いつも衆生の救済に努め、自分は絶対に仏にはならない、という強い決意を示したものだ。

わたしは、この一節がとりわけ好きである。毎日、経文《きょうもん》を読むたびに、負けるものか、この世に苦しんでいる人たちがいるかぎり、その人たちを救わないかぎり、くじけてたまるか——そう思い、ともすれば崩れそうになる自分自身を勇気づけ、苦しみに耐えた。それでよかったのだと思う。それだからこそ、現代の常識からすれば「奇蹟」としか思われない、数々の「救い」を実現することができたのだと思うのである。

しかし、その意味で、いまの日本を眺めてみると、どうであろうか。たしかに生活は豊かであり、物質的には恵まれているようだが、一方で、人間としてもっともっと大切なものが見失われてしまっているような気がしてならない。

それは「心」——とりわけ、他人を尊重し、他人を助けるという、人間としてあたりまえの「心」が、いつの間にか欠落してしまったように思われてならないのだ。

核の恐怖、汚職、出世競争、受験戦争、家庭不和、凶悪犯罪の横行——と、いまの日本は、まさに「弱肉強食」の世界である。これでは、仏教でいう、地獄・餓鬼・畜生の世界と少しも変わりはない。

それどころか、本当であれば、そのような人たちを真っ先に救済しなければならないわたしたち僧侶の多くが、開祖以来今日まで脈々と伝えられてきた法灯を忘れ、修行を怠り、営利に走る僧がいるかと思えば、真剣に菩提を弔おうとはせず、形だけの葬式法要を行いお布施をいただく、いわゆる〝葬式坊主〟に成り下がっている僧もいるように思われてならない。

これは、いったい、どうしたことなのか。

わたしは、真言密教に籍を置き、不動明王を本尊とし、修験の道を熱烈に歩む行者である。したがって「行」がわたしのすべてである。そのわたしが、あえて本書の筆をとったのは、このような世相を見て、傍観するにしのびなくなったからだ。

本書を読み、わたしの「行」を知ってもらい、私が行った「奇蹟」を信じてもらい、そうすることによって、この混濁した世の中で、少しでもみなさんに幸せになってもらいたいと思うからである。

「行」とは何か。

「行者」とはどのようなものなのか。

なぜ、わたしは「行」に身命を懸けるのか。

それをわかっていただくことで、少しでもみなさんの現実の生活――ひいては人生にお役に立てていただければ、これ以上の喜びはない。

本書はそういうわたしが、これまでに強烈な修験の行を通して実践してきたことを、フィクションを一切まじえないで、ありのままに述べた生《なま》の実録である。本物の行者が、衆生救済のために渾身の力をふりしぼって書いた「実践の書」であることを認めていただければ、行者としてこれにまさる幸せはない。

また、わたしは、いろいろな方から手紙をいただくが、生来の筆不精のせいもあり、これまで一度も返事をさしあげたことがない。その失礼をここで深くおわび申しあげたい。

池口恵観

もくじ

4　人類の明日のために　264

一章

奇蹟・心眼は実在する

1　多数の奇蹟がこうして現れた

奇蹟とはどういうものか

わたしの寺は「烏帽子山最福寺《えぼうしざんさいふくじ》」といい、鹿児島市の中心から薩摩半島を錦江湾《きんこうわん》沿いに南へ二〇キロばかり下った、鹿児島市平川町にある。

景勝の地として知られる知覧《ちらん》へ抜ける途中にあたり、辺り一帯が高台になっていて、目の前には、絶えず黒煙を噴き上げる桜島がそびえ、足下には波静かな錦江湾が横たわる、なかなかに風光明媚《めいび》な土地である。

わたしがこの地に最福寺を造ったのは、昭和四十八年のことであった。それまでは、鹿児島市の中心部にある紫原《むらさきばる》というところにいたのだが、信者さんが増えて手狭になったせいもあり、この地に新しい寺を造ったのであった（現在は、紫原のほうは「最福寺別院」とし、わたしの自宅も兼ねている）。

わたしはこの寺の本堂で、連日護摩《ごま》を焚き加持祈禱《かじきとう》を行って、たくさんの人を苦しみから救ってきた。

最近では、わたしの評判を聞きつけてか、信者さんは増える一方で、日曜、祭日ともなると、加持を受けに来る方で、広い本堂がいっぱいになるほどだ。

そのほとんどの人たちがいろいろな悩みをもち、とくに医学の力ではどうにもならない業病、難病に苦しみ、何とか助かりたいという必死の思いで、わたしのところを訪ねてみえるのである。

同じ人間として生まれて、病魔におかされ苦しめられることほど惨めなものはない。しかし、それでも医者にかかり治る人はまだよい。そうではなくて、医学の手が及ばないような難病にからめとられた人は、気の毒としかいいようがない。それだけでその人の一生は終わってしまったも同然だ。

わたしは、そういう人たちのために全身全霊を込めて祈る。どうか少しでも病気が軽くなりますように、どうか少しでもこの人たちが幸せになってくれますようにと、行者としてのわたしがもてる力をふりしぼって、不動明王に祈願し、加持祈禱を行うのである。

こうして、わたしは、現代の常識では「不思議」としかいいようのない、数々の「奇蹟」

を生み出してきた。

ところで、いまわたしは「奇蹟」と申しあげたが、みなさんは、「奇蹟」とはどのようなものだとお考えになるであろうか。

「奇蹟」というと、世間の常識を超えた出来事、科学的には証明しえない現象、ごくまれにしか起こらない不可思議なこと——というのが一般的な見方ではないであろうか。

しかし、そうではないとわたしは思う。

たしかに「世間の常識を超えた、科学的には証明しえない」出来事という意味ではその通りだが、「ごくまれにしか起こらない」という点では、そうではない。

「奇蹟」というものはいくらでもある——とわたしは思うのである。こういったからといって、別に奇をてらっているわけではない。現実にわたしが今日までに、一般の常識では考えられない、さまざまな「不思議」を実現してきたからいうのである。

それがどのようなものであるかは、本書をお読みいただければ、おわかりいただけよう。

ただ、わたしがここではっきり申しあげておきたいのは、「奇蹟」というものは、現実のこの世界に間違いなく存在しているし、しかも数限りなく実在しているということである。

真言宗の宗祖・弘法大師が二十四歳のときに作った『三教指帰《さんごうしいき》』という、大師の自伝的要素の強い作品の序文に、次のような一節がある。

「ここに大聖《だいじやう》の誠言《じやうごん》を信じて飛燄《ひえん》を鑽遂《さんすい》に望み、阿国大滝嶽《あこくたいりようのたけ》に躋《のぼ》り攀《よ》ぢ、土州室戸崎《としうむろとのさき》に勤《ごん》念《ねん》す。谷響《たにひび》き惜しまず、明星来影《みやうじやうらいえい》す。」（渡辺照宏・宮坂宥勝校注『三教指帰・性霊集』岩波書店）

これは、大師が若い頃、一人のお坊さんから、虚空蔵聞持《こくうぞうもんじ》の法という秘法の修法を教えてもらい、仏の言葉にウソ偽りはないと信じ、研鑽に研鑽を重ね、山によじ登ったり、海辺で修行を積んだところ、そのかいあって、ついに虚空蔵聞持の法の悟りを開いたと告白しているところである。

わたしは、この文章の最後の部分、つまり「明星来影す」というところの意味を、その文字通り、そのとき一つの明るい星が虚空蔵菩薩となり、弘法大師の口の中へ飛び込んだのだと解釈している。それが「奇蹟」なのである——と。

普通一般の解釈では、この部分は、明星、すなわち虚空蔵菩薩が、来影、つまり現れて大師のもとへやってきたということで、大師が悟りを開かれたことを、このように比喩的に表現されたということになっているようだ。

星が人間の口に飛び込むなどというと、一見、突拍子もないことのように聞こえるにちがいないが、わたしがそう思いたいのは、わたしが子供だった頃に、不思議な体験をしたことに由来している。

その体験というのは、次のようなものである。

わたしは、修験の家に生まれたため、幼い頃から両親に厳しい行を叩き込まれた。中学生のときまでに、経文すべてを覚えさせ、修法の全部を修得させるのがわたしの寺の方針であった。

わたしが行の一通りの修法を修得した、小学校五年生の春であったかと思う。午前三時からの激しい護摩行《ごまぎょう》がやっと終わったのが、午前九時頃のことであった。くたくたに疲れきったわたしは、ふらつく足を踏みしめて、本堂の外へ出た。外へ出たわたしは、何かに惹《ひ》かれるように空を見上げた。

と——、
一点の曇りもない大空いっぱいに、とてつもなく大きな仏が出現しているではないか。それを見たとたん、わたしの目から涙がほとばしり出た。次から次へと、涙はとめどもなく流れてとまらなかった。仏さまが自分を見ていてくださる——そう思っての、法悦歓喜の涙であった。幻覚、とか、錯覚、ではない。わたしはたしかにこの目ではっきり見たのである。蒼空いっぱいに輝く慈愛にあふれた仏さまの姿を……。

同じことをわたしは子供の頃に、もう一度体験している。いまにして思えば、わたしが見たのは、たしかに大日如来《だいにちにょらい》であった。その後は今日にいたるまで、仏さまがそのような姿でわたしの前に現れたことはない。

わたしには、こういう体験がある。だから、わたしはあの非凡な弘法大師が、自分の体内に星を呼び入れることができても、不思議ではないと思うのだ。

しかし、そうはいっても、このような出来事を人に言葉だけでわかってもらうのは、不可能に近い。

わたしのところへ加持を受けに来る人たちも、加持祈禱で難病が治るという点について、最初は半信半疑である。「そんなバカな」と、むしろ不信感をあらわにしていらっしゃる人が多い。

みなさんも、おそらく、そうお考えなのではないかと思う。

わたしのところへいらっしゃる方たちも、わたしの加持を受けて病が癒《い》えると、初めて、「なるほど、奇蹟とはこういうものか」と納得してくださる。そこで改めて、仏の力の偉大さを、実感として受けとめてくださるのである。

その瞬間が、行者としてのわたしのいちばんうれしいときである。苦しい行を重ねたかいがあった、わたしがやってきた行はムダではなかった——と、つくづくそう感じるのである。そして、もっと頑張れ、もっと一生懸命行に励め、と自らを叱咤《しった》するのである。

こうして完治した人のほとんどが、その後、わたしの弟子になってくれたり、信者さんになっていただいたりしている。

わたしは、みなさんにも本書をお読みいただき、世の中には人知では解明できない「不思議」があるのだということ、そして、その事実を正しく見ることが、みなさんが幸せになれる道なのだということを理解していただき、わたしの信者さんと同じように、みなさんの人生のお役に立てていただきたいと真剣に願うのである。

見えなくなった目が開いた

昭和四十二年九月のことであった。

鹿児島市紫原にあったわたしの寺へ、市内で電気工事会社を経営している社長のM夫人がやってきた。

事情を聞いてみると、高校三年になる長女のY子さんの両眼が、ある朝、突然見えなくなってしまったという。

両親は、すぐY子さんを病院へ連れていった。検査の結果、医師の答えは非情であった。

「この目は治りません」——。

絶望の底に叩き落とされた両親は、その足でY子さんを別の眼科医のもとへ連れていった。しかし、答えは前と同じであった。「回復の見込みはありません」それでも両親はあきらめきれず、県下の眼科医や病院を駆けずり回った。三軒、四軒、五軒……どこへ行っても、医師の答えは変わらなかった。

失明の原因は、Y子さんの過労にあった。Y子さんは大学入試をひかえ、毎晩遅くまで勉強を続けていた。そこへ、親戚から、子供が産まれたから赤ちゃん用の毛糸を急いで編んでほしいといってきた。編み物が得意なY子さんは、その頼みを引き受け、受験勉強のかたわら、編み物にも取り組んだ。

編み物は、いったん始めるとキリがなくなってしまう。しかも急ぎだという。もともと編み物が好きだったY子さんは、ついつい無理をした。そのうえ受験勉強もしなければならなかった。どうしても夜は遅くなった。

そうした無理がたたって、目がやられてしまったのである。

行く先々の医院や病院で両親は医師からこういわれたという。

「お嬢さんは目を使いすぎたんです。わかりやすくいうと、鏡があるでしょう。鏡は長く使いすぎると裏側についているダイダイ色の部分がはげ落ちて、何も映らなくなってしまう。お嬢さんの目はそれと同じようになってしまったんです。お気の毒ですが、回復の見込みはまったくありません」

その言葉を聞いて泣き崩れるY子さんを前に、両親は呆然として、なすすべを知らなかったという。

まだ結婚前の娘の突然の失明だ。そして「回復の見込みなし」という医師の宣告――。両親にとっては、自分たちが娘に代わってやりたい思いであったことだろう。その心中は、地獄の業火に焼かれるようなものであったにちがいない。

「そこまでハッキリいわれるのなら」もうダメではないのか、あきらめるより仕方がないのではないか――一時はそう思ったという。自分のことならあきらめもつく。しかし、何よりもいとおしい自分の娘の身に起こったことである。両親は自分の身を引き裂かれるような思いであった。

どうしてもあきらめきれず、両親は最後の頼みにすがった。大学病院へ行き、ツテを頼りに、その日に診察の時間をとってもらったのである。

長い検査であった。しかし、大学病院でも結果は無情であった。他の病院と答えはまったく同じであった。現代の医学の力では、どうしようもないのだという。

Y子さんは、絶対安静ということで、その日のうちに大学病院へ入院した。

「医学の力は借りるだけ借りた。あとは神仏の力を借りるしかない」

M夫人にこういってくれたのは、大学病院の世話をしてくれた大学教授夫人のOさんであった。Oさんとわたしは前からの知り合いだ。そのOさんに紹介されて、わたしのところへ来たというのであった。

わたしは、話を聞いて、M夫人にこういった。

「大丈夫です。娘さんは治ります。わたしが治します。娘さんは絶対安静だそうですから、お母さんが娘さんの代わりにお加持を受けにいらっしゃい。そのとき、必ず娘さんが身につけているものを、肌着でも着物でも何でもいいからもってきてください」

不思議に思われるかもしれないが、わたしは念をこらすと、病気が見えてくる。病根が自然とわかるのである。わたしに治せる病気であるか、治せない病気であるのかが見えてくるのだ。見えるといっても肉眼で見えるわけではない。心眼というのか、わたしの心の中に浮かんでくるのである。この点については、また後で申し述べる。

Y子さんについて、じっくり念をこらした結果、治せるとわかった。そこでM夫人に「わたしが治します」といったのであった。

M夫人を仲介にして、翌日からわたしはY子さんの加持を始めた。

右手に五鈷杵《ごこしょ》（密教で使用する法具）を握り、左手に念珠をもち、口に真言、経文を唱え、心に不動明王を念じながら、一心不乱に加持を行った。

わたしは、信者さんの病気が重ければ重いほどファイトがわく。難病であればあるほど意欲が燃えてくる。医師から見放されたと聞けば聞くほど、何とかしてあげたいと思う。この人を助けられるのはわたししかいない、助けないでおくものか、と全身が火の玉のように燃え上がるのだ。

それが行者として、この世で与えられたわたしの務めだと思うからだ。

Y子さんのときもそうであった。

わたしは、わたしの全身全霊を込めて、不動明王に祈念した。その効果は、それから一か月ほどで現れ始めた。

十月になったある日のことである。

後は、Y子さんのお母さんの口から直接語っていただこう。

「池口先生が、〝明日は必ずお父さんを連れていらっしゃい〟っていうんです。主人はお加持をまったく信じていなかったから、それまでお寺（最福寺）に来たことがなかったのです。先生にそういわれたので、その翌日、嫌がる主人を〝いっぺんだけでええから〟と説得して、ムリヤリ、先生のところへ連れていったんです。そしたら先生が、〝今日は不思議なことがあるから、家へ帰らずにご夫婦で娘さんのいる病院へ行ってみなさい〟っておっしゃるんです。私ら何のことかさっぱりわからない。主人なんか〝ナーンの不思議なことがあンのかいねえ。あのお坊さん、おかしなこといやあすなあ〟ってブツブツいいながら、それでも、とにかく病院へ行ってみたんですね。

そしたら娘が〝お母さん、お母さん、今日不思議なことがあるんよ〟っていうんです。〝何が不思議なん？〟〝ベッドの向こうに何かの束が見えるような気がするの。お母さん、わたしのベッドの隣の隣に何かないね？〟

娘がこういうものですから、見てみると、千羽鶴の大きな束が置いてあるんです。前の患者さんの物なんでしょうね。それが見えるようで見えないようで……って。これが目が見え始める最初の兆候だったんです。私らもう、びっくりして……」

Y子さんのベッドの枕元には、いつも鉢植えの花が置いてあった。目の見えないY子さんは「いい匂い、どんな花なん？」といって、花の種類を知ろうとでもするかのように、手をそっと花びらにやっていたという。

それが、この千羽鶴の一件から、少しずつ変わりだした。花びらの一枚一枚が、うっすらとY子さんの目に見え始めたのである。そして、徐々に徐々に、はっきり見えるようになっていった。

こうして、さらに一か月が過ぎ、十一月がやってきた。そして――。

もう一度お母さんに話していただこう。

「娘が〝クリスマスには家に帰りたい、一晩だけでいいから家へ帰って皆と一緒に過ごしたい〟っていうんです。ついこの前まで目がまったく見えず絶対安静だったのに。とうてい無理だろうと思ったんですが、念のため池口先生に聞いてみたんです。そしたら先生が〝いいですよ。十二月になったら縁ができますから。十二月になる前に一度病院の先生に相談してごらんなさい〟とおっしゃるんですね。それで十一月の末にお医者さんに相談したら〝不思議ですねえ。もう絶対ダメだと思っとったのに、見えるようになって……〟。もう一度検査して手術するかどうか決めましょう。検査の結果がよかったら一晩くらいなら退院してもいいでしょう〟ということになったんです。それが、十二月になって検査してもらったところ、手術の必要はないからもう退院してよろしい、ということになっちゃったんです。……」

こうして、三か月の加持でY子さんの失われた視力は回復した。

なぜだろうか――。なぜ医師が「回復不能」と診断を下した病気が、三か月の加持祈禱で治ったのであろうか。

一口でいえば、Y子さんの失明は普通の病気ではなかったからである。Mさんの家の因縁によるものだったからだ。つまり霊の問題（霊障）だったのである。医学の力ではどうにもならない、加持祈禱により仏の力を借りて因縁を解かなければ治らない〝病気〟だったのである。

この〝因縁〟についても、後ほど詳しく申しあげる。

ともあれ、Y子さんは三か月で退院した。

退院後もY子さんは、相当長い間、通院して検査を受けたが異状はなかった。Y子さんは三か月もの間、勉強できなかったため、本人も周囲も大学受験はあきらめかけたそうだが、その後、頑張ったせいもあってか、ストレートで大学入試に合格した。
Y子さんは現在三十三歳。視力は左右とも1・2あり、健康な生活を送っている。

加持祈禱で全身のイボが取れた

その子がやってきたときには私もいささか驚いた。顔中に米粒大のブツブツがいっぱいついている。よく見るとそれが全部イボなのであった。三つや四つならともかく、顔中というのは見たことがない。しかも、八月という暑いさ中である。鹿児島の夏はことに暑い。顔中からあふれる汗と、イボから出る汁が一緒になり、グショグショになっている。それが痛いらしく氷のうで冷やしている。見るからに気の毒な様子であった。

この子はS子さんといい、わたしのところへ来たときは小学校の三年生であった（現在は中学三年）。その横に心配そうな様子でご両親が付き添っていた。

聞いてみると、S子さんに初めてイボができたのは、三歳のとき。額にポツンと一つできたというのであった。そのとき知人から「このイボは放っておくと広がるかもしれないから治療したほうがいい」といわれたそうだが、その頃、S子さん一家はお父さんの仕事の関係で島住まいをしており、その島に適当な治療施設がなかったために、そのままにしておいた。それがアッという間に全身に広がってしまったというのであった。

小学校へ通学するようになると、S子さんの性格は変わってしまった。子供の世界は遠慮がない。全身に広がったイボのために、友達から「イボガエル！」「カエルの子！」などといじめられ、それまでは陽気であったS子さんの性格がすっかり暗くなってしまったのだ。人に会うと顔をそむけ、道を歩くときは下を向いて歩き、人目を避けるようになってしまったという。

女の子である。その小さな胸はどれほどの傷《いた》みに耐えたことであろうか。悔しさに涙した夜もあったにちがいない。

両親も、そんな娘の姿を見るにつけ、何とかしてやりたいと切実に思ったが、治療施設のない島にいてはどうにもできず、ただ手をこまねくよりほかに仕方がなかった。

S子さんが小学校二年生になったとき、お父さんの転勤でS子さん一家は鹿児島へ来た。両親はすぐにS子さんを医者へ連れていった。医者の話では、「このイボはウイルスのせいでできたものだ。だからイボを取るにはウイルスを殺さなくてはいけない」ということであった。

そこで、両親は、S子さんを病院へ連れてゆき、イボの一つ一つにウイルスを殺す注射を始めてもらったのであった。

実は、この年の夏に、S子さん一家は人からわたしのことを聞き、イボを取るならわたしのところへ行って相談したほうがいいとすすめられたそうだ。しかし、そのときはS子さんもご両親も「ウッソー！」「そんなバカな」と、加持祈禱でイボが取れるなどということが信用できず、二の足を踏んだということであった。

ともあれ、その病院での注射療法が始まった。何しろイボは無数にある。その一つ一つに注射をしていくのだから大変だ。治療には数年間かかると予想された。

ところが、病院へ通い注射をしてもらっているうちに、その注射からバイ菌が入ったのかどうかははっきりしないが、ともかく、イボからドローッとした汁が出始めたのであった。

暑くなって汗が出ると、その汗の塩気でつぶれたイボが痛む。それで汗をかかないように、ただれがひどくなると、こうして氷のうで冷やしているというのであった。

話を聞いてわたしは、さっそく加持をした。終わってからわたしは「キュウリやナスをビニールにくるんで置いておいてください。それが腐るまでには全部治ります」といい、一週間後にもう一度来るよう申しあげた。

一週間後――。S子さんのただれはすっかりおさまり、イボは消えていた。そして消えた跡が真っ赤になっていた。ちょうど焼け落ちた跡のようであった。もう一度加持をして、さらに一週間。今度は真っ赤だったところが白くなり、その一週間後には、まったくわからなくなった。全身のイボが消滅したのである。

一つ二つのイボなら取ったことは何度もある。しかし、これほど多くのイボを取ったのは、わたしにも初めての体験であった。

誤解のないように申しあげておくが、わたしの場合、イボを取るといっても、お医者さんがやるように、ポロリと落とすわけではない。加持祈禱を行うと、イボが猛烈な高温で焼かれたかのように黒ずみ、やがて消えるのである。消えた跡は最初はイボが焼け落ちたように真っ赤になるが、やがて普通の皮膚の色になり、まったくわからなくなるのである。なぜそうなるのかは、わたしにもわからない……。

心不全を未然に防いだ

現代の医学の力で完治しにくい病気は数多い。

ことに肝炎、腎不全、心不全、腎臓結石といった内臓関係の病気は治りにくい。治ったと思っても、すぐ再発する。結局、完治するまでに何年もかかってしまうものである。

ところが、加持祈禱はこういった不治の内臓疾患に効き目が大きいのである。肝臓や腎臓を患って、医師から回復はむずかしいと宣告された人が、わたしの加持で完治したという例はいくらもある。

実例をあげよう。

熊本市に住む短大生、U子さんの場合である。

U子さんは小学校三年のとき腎臓炎になり、その後の経過が思わしくなく、結局、慢性腎臓炎になってしまった。

運動は厳禁。毎日、病院へ注射をしてもらいに通うようになった。食事も大幅に制限を受けた。

医師の診断では、「これ以上悪化させないように、現状を維持するのが精いっぱい。完治の見込みはきわめて乏しい」ということであった。

小学生といえば、遊びたい盛りである。食べたい盛りである。それなのに遊べない、食べたい物も食べられない。U子さんも苦しかったが、両親の気苦労も大変なものだった。

そのU子さんが、私のところへ来たのは、彼女が中学一年生の夏休みであった。そのときは十日間ほど連続して加持をした。その後、医師の検査を受けたところ、腎臓の数値がかなり変わった。それまでいっこうよくならなかったのに、かなり好転している、不思議だということであった。

しかし、まだ治ったわけではなかった。

次にU子さんが私のところへ来たのは、その年の冬休みであった。家が熊本にあるため、学校のある間は、私のところへ来られなかったのである。そのときも一週間ほど加持をした。医師の検査では、結果はさらによくなっているということであった。

その後、U子さんは、一年の春休み、二年の夏休み、冬休みと、三回にわたりわたしのところへやってきて加持を受けた。加持を受けるたびに、医師の検査も受けたが、病状は、お医者さんや看護婦さんが「奇蹟だ」と驚くほど急速によくなっていた。

そして中学二年生の三学期には、医師から軽いスポーツならやってもよい、という許しが出るほどまでに回復したのであった。

薬と食事療法だけでは、こうまで早く完治はしなかったろうと、わたしは思う。

U子さんは高校進学後は、バスケットボール部で活躍、現在は短大生として元気な毎日を過ごしている。腎臓炎の再発はない。

もう一つ実例をあげよう。

鹿児島市にある住宅建設会社社長の長男、M君である。

一昨年の一月、M君が九州大学工学部二年生のときのことだ。これも、お母さんに直接話してもらうことにしよう。

「長男が次男と二人で、七、八か月間、ヨーロッパを旅行する計画をたてたんです。それで九大病院で精密検査を受けたところ〝心音が悪い。放っておくと心不全を起こす。手術をする必要がある〟といわれたんです。本人は、もうびっくりしまして……。それまでスキーに行ったり、駅伝で大学の研究室の代表になって走ったりと、スポーツマンで心臓には何の兆候もありませんでしたから。でも、大学のお医者さんからそういわれたんじゃ、旅行どころではありませんでしょ。ことが心臓だけに本人も神経質になり、部屋で横になってジッとしているようになったんです。

それを聞いて、わたしも驚いて……。幸い池口先生のことはいろいろ聞いていましたので、すぐ先生に電話をしたんです。そしたら先生が、〝これは病気じゃない。お宅の因縁みたいなものだ。因縁はとるのに三年かかるが、病気自体はすぐによくなる。お加持をしてあげるから連れてきたほうがいいですよ〟とおっしゃるわけ。それですぐ長男を福岡から呼びよせて、先生のところで一週間続けて強いお加持を受けたんです。

お加持の後、先生が〝いっぺん病院で検査してもらってごらん〟っていわれるんで、市内の専門医三人の方に診てもらったんです。そうすると、〝心配ない。よほど静かなところで聴かんとわからん心音だ〟と三人ともおっしゃるんです。その後、また一週間お加持を受けて今度は大学病院へ行ったんです。すると〝心音がちょっとおかしいが、これくらいなら心配はいらない〟と専門医がおっしゃるんです。本人は喜びましてね。すぐ八か月のヨーロッパ旅行へ出かけて無事帰ってきましたよ。お加持だけで治りましたでしょう。もう本人は〝先生のおかげだ〟と大感激でした」

M君は、今春、九大を卒業。東京の会社に就職した。その折、九大病院で精密検査を受けたが、結果は「異状なし」であった。

けいれん性マヒの子供が口をきいた

私の弟子にIさんという人がいる。

兵庫県出身だが仕事の関係で、現在は東京に住んでいる。本職は霞ケ関にある中央官庁のお役人である。

Ｉさんがわたしの弟子になったのは、わたしがＩさんの娘さんの加持をして、病の治療をしたことが縁になっている。

実は、Ｉさんの娘さんの場合には、たいへんお気の毒な事情があり、ここに書くのにしのびないものがあるのだが、みなさんにわかっていただくのにきわめて参考になるケースだと思われるので、Ｉさんのご了解を得て、あえて公表させていただくことにする。

Ｉさんの娘さん、名前はＹちゃんというのだが、彼女は、生後四か月ほどでものすごいひきつけを起こした。ご両親の必死の看護、医師の懸命の手当ても及ばず、ひきつけはその後もひんぱんに続き、そのため発育がとまってしまった。ひきつけのショックで脳細胞が破壊されてしまったのである。

二歳になり三歳になってもＹちゃんは言葉はしゃべれず、ご飯もひとりでは食べられない。それどころか、ひとりで歩くことさえできなかった。二、三歩はヨチヨチと歩くのだが、けいれんが起きて、すぐバターンと倒れてしまうのであった。そのためお母さんは、いつもＹちゃんにかかりきりであった。しかし、それでも年中ケガの絶えることはなかった。

絵本を見せても、人形を見せても何の反応も示さない。

もちろん、大学病院で最も進んでいるという治療も受けた。しかし、効果はなかった。ある医師からは、現代の医学ではどうしようもない面もあるから、医者のことを悪く思わんでほしいなどといわれたこともあった。ケイレン止めの薬は、刺激の強い薬品であるだけに、副作用も心配だった。

Iさん一家の死に物狂いの闘いも、功を奏さなかったのである。

四歳になり五歳になっても状態は変わらなかった。声は出るのだが、それが言葉にならない。食事もお母さんがスプーンで食べさせる卵かけご飯を少し食べるくらいで、かわいそうなくらいやせ細っていた。けいれんは相変わらず続いた。それを抑えるため飲んでいた薬の副作用のせいかどうか、絶えずヨダレをたらしていた。依然歩くことはできなかった。前と同じように、歩き始めるとすぐバターンと倒れるのであった。

Yちゃんが五歳のとき、弟が生まれた。

そうなると、お母さんはYちゃんにかかりきりというわけにはいかなくなった。またIさんには役所での仕事があった。

そこで、Iさん一家では、Iさん一人が東京に残り、奥さんが子供を連れて、鹿児島の実家に帰ることになった。

鹿児島でも事情は同じであった。実家では、お母さんが弟の面倒見で忙しく、Yちゃんの動きを全部はカバーできない。うっかり目を離したスキに転んで大ケガをしたら大変だ。ふびんではあったが、やむをえずYちゃんを動かないよう柱にしばったこともあった。

ところが、つくづく縁というものは不思議なものだと思うのだが、このお母さん、つまり、Iさんの奥さんと、わたしの熱心な信者さんであるTさんとが以前からの友人だったのである。

で、たまたま奥さんがTさんに、Yちゃんのことを話したらしい。Tさんはすぐ Iさんの奥さんの実家へ様子を見に行った。

Yちゃんの実際の様子を見て、これまでの詳しい話を聞いたTさんは、Iさんの奥さんにこういったという。

「それだけお医者さんにかかって、お薬飲んでダメなら、もう、仏さんにすがるしかないわよ。平川にたいていの病気なら治してしまうお坊さんがいるの。だまされたと思って一度行ってごらんなさい。治るなら治る、ダメならダメとハッキリいうお坊さんだから。治らないっていわれたら仕方ないじゃない」

もし、TさんとIさんの奥さんが友人でなかったら、Iさんがわたしのことを知る機会はなかったろうし、わたしがYちゃんの加持をすることもなかったであろう。そうなればIさんが私の弟子になることもなかったことだろう。ここいらあたりに、わたしは人の縁というものを強く感じるのである。

ともあれ、わたしは、Iさんの奥さんと鹿児島市内にあるホテルのレストランでお会いした。

それから後のことはIさん自身にお願いしよう。

「最初お会いしたとき、先生はウチの家内の顔をじーっと見て、それから、しばらく目をつぶって次にこういわはったそうです。〝あっ、一週間で取れます。そのけいれんは一週間で取れますが、連れていらっしゃい〟。それで家内が娘を連れて先生んとこへ行ってお加持を受けたんです。僕は東京にいましたんで詳しい事情は知りませんけど、家内の話では、お加持をしてもらうたびに、少しずつ状態がよくなりだしたいうんです。一週間もしたら、薬を飲まなくても、けいれんが出ないようになったいうてですね。

それで僕のところへ連絡がきたわけです。娘の様子が変わったと。僕はマサカと思いましたよ。あれだけお医者さんに診てもうて治らんかったもんが、なんで加持祈禱なんかで治るもんか、思いましてね。僕は、もともと理科系出身で科学畑の人間ですんでね。加持とか祈禱いうんは迷信や思うて、全然信じてなかったんです。

ま、それでも連絡がきたんで、半信半疑のまま鹿児島へ行ったんです。いや、娘の姿一目見て、それこそ腰が抜けんばかりにびっくりしましたよ。普通にちゃんと座ってるし、ヨダレも流さなければ、けいれんも起きない。それから鹿児島へ行くたびに、どんどんよくなってくるんですわ。ひとりでご飯が食べられる。人形を渡すと、それまでは何の反応もなかったんが、人形を抱いて笑うし。三年くらいたったら、本も自分で見るようになったんです。先生のところへ行くまでは、本を破ることしか知らなかった娘がですよ。いや、ほんまに奇蹟を目の前に見る思いやったですね。こんなこともあるんやなあと、ただただびっくりするだけでした」

奇蹟はそれだけではなかった。Yちゃんが十二歳になった昨年の正月、決定的なことが起こったのである。

それまで一言も口のきけなかったYちゃんがものをしゃべったのだ。

そのときの様子を、もう一度Iさんに話してもらおう。

「平川のお寺で、除夜の鐘が打ち終わると同時に始まる元旦の護摩行があるんですが、その行の真最中のことでした。先生が護摩木を焚いて、お弟子さんや信者さんたちがお不動さんの真言を一生懸命繰ってはる。傍らでお弟子さんが大太鼓をガンガン打ってはる。それが最高潮になったときでした。僕のひざにいた娘が突然いうたんです。〝ナウマクサンマンダ〟って。お不動さんの真言をいうたんです。はっきり聞こえました。

そのときの僕の気持ちは言葉では表現できません。とにかく生まれてから一度も口のきけなかった娘がしゃべった。親としてこんなうれしいことはありません。何よりもうれしかった。しかも、最初にしゃべったのがお不動さんの真言です。これはもう、先生の力で、先生を通して、お不動さんが娘に話す力を与えてくれはったんだと思いました。いまでもそう信じてます。それ以後は、少しずつしゃべれるようになって、〝こんにちは〟〝ありがとう〟〝うるさいなア〟とか簡単な言葉がいえるようになったんです。昨年の春頃には、表面から見ただけでは、普通の子とまったく変わらんようになっていました。

白痴同然やった娘をここまでしていただいた先生に、その千分の一でも万分の一でもご恩返しできたらと思いまして、先生の弟子にさせていただいたんです」

最初わたしは、Iさんの場合はお気の毒な事情があると申しあげた。ここに書くのにしのびない事情があると。

実は、話はこれで終わったわけではない。Iさんご一家の喜びもつかの間、この直後、もっと大きな悲劇がＩさん夫妻を襲ったのである。

昨年夏、島へ遊びに行ったＹちゃんが、海で溺れて帰らぬ人となってしまったのである。享年十二歳。彼女が二十歳になるまでには、言葉も普通に話せるようにしてあげたい、すべてを普通の女性なみにしてあげたいとわたしは願っていたのだが、心残りでならない。まことにお気の毒であった。

この紙面を借りて、心からＹちゃんのご冥福をお祈り申しあげる。

身動きできない人が歩けるようになった

膠原病《こうげん》、リュウマチ、各種アレルギー、ぜん息、それに顔面神経マヒ、ノイローゼといった神経系統の病気も現代医学での治療はきわめて困難である。たいていが原因不明ということで適切な処置が得られない。薬や注射で一時的に治ったようにみえても、それは、薬の力で病気が表面へ出るのを抑えているだけで、その病気の元がなくなったわけではない。病根は依然その人の体内に根強く巣くっている場合が多いのである。

しかし、これらの難病も加持なら治せる。

ある中年の家政婦さんの例だが、この人は膠原病にかかり両足が曲がってしまい、長年身動きもできない状態であった。そんな症状だから、もちろん、仕事のできるはずがない。何度も医者に通ったが、医者もサジを投げた格好であった。そしてたまたまわたしの知人がその人のことを知り、わたしのところへ連れてきたのであった。

といっても、まったく歩けないわけだから、寺まではその人を車で運び、そこから加持をする本堂まで、二人がかりで抱え上げたのである。長い間、歩いていなかったため、その人の両足とも、肉がゴッソリと落ちてやせ細り、骨の上に皮が張りついたような状態になっていた。

結局、この人の場合は、歩けるようになるまで四年間ほどかかったであろうか。その間ずっとタクシーで加持を受けにこられた。それでも熱心に通われたかいがあり、曲がったままだった足は真っすぐになり、いまでは、ごく普通に歩けるまでになっている。

顔面神経マヒも悲惨な病気である。患部が最も目につきやすい顔であるだけに、社会生活を送るうえで、大きなハンデキャップとなって、その人を苦しめる。ひどい場合には、ヨダレがとまらなくなることもある。

会社勤めのFさんは、顔面神経痛のため、会社ではいつも肩身の狭い思いをし、仕事の能率も上がらなかった。自分がそんなふうであったから、上司や同僚の受けも芳しくなく、昇進は人より大幅に遅れた。しかし、私のところで加持を受け完治するや、Fさんはまるで人が変わったように積極的になり、バリバリ仕事を始めたのである。その後、聞いたところでは、社内での地位も上がりだしたとのことである。

奥さんが強度のノイローゼになり、そのため結婚生活に破綻《はたん》をきたし、離婚寸前の危機に陥った夫婦が来たこともあった。この人たちの場合は、五、六年もかかったであろうか。その間、夫婦はいったん別居して、奥さんは、病院へ通院しながら、同時にわたしの加持も受けにこられた。六年もの長い間、ご夫婦ともよく頑張られたものだと思う。結果は、奥さんのノイローゼは治り、もとの明るさを取り戻し、いまではご夫婦とも健全な生活を送っている。

鹿児島市で音楽教室を経営しているNさんのケースもこれにあてはまる。

これについてはNさん自身に語っていただこう。

「大学（私立の音大）三年の頃に、両手の皮膚がアカギレのようにあちこち切れだしたんです。卒業して五、六年した頃とくにひどくなって、にぎりこぶしができないほど指がはれあがったんです。私ピアノを教えているんですが、痛みとはれでピアノが弾けないくらいで……。いつも両手に包帯を巻いていました。手を内側へ曲げると甲が裂けるし、外側へ曲げると手の平に亀裂が走る。指先なんか指紋がなくなるほどひび割れてしまったんです。

皮膚科の先生の診断では、体質からくるアレルギーと、洗剤のせいもあるとかで……まあ、体質でしょうね。それで、ひび割れを抑えるために副腎皮質ホルモンを飲まされたんです。薬を飲んでる間は大丈夫なんですけれど、薬をやめると、またとたんにアカギレが出て……。ところが、薬を飲み続けるうちに、今度は副作用が出てきたんです。ムーン・フェイス――満月病になってしまって、顔が真ん丸にむくんでしまったんです。内科の先生から副腎皮質ホルモンは大変な薬だからすぐやめなさいっていわれて……。あれ、後で大騒動になりましたよね、毒だって。

私、アレルギー体質なので、薬が使えないんです。それで困ってしまって、何とか体質を変えようと、病院の指導で断食までしたんですが、結局、ダメでした。もう一生治らないのかなあってあきらめかけていたとき池口先生のことを聞いたんです。〝変わったお坊さんがいるから行ってみたら〟って。最初は半信半疑でしたよ。もっとも、私の場合は、おじが高野山の行者で、そういうふうな話（奇蹟）は、小さい頃から聞かされてましたから、まったく信じないということはありませんでしたけどね。

それでお寺に行ったら、まず〝牛乳と肉とコーヒーをやめなさい〟っていわれたんです。日本人の身体に全然合わないからだと。とくに私の身体にはね。それと、先生が塗り薬を調合してくれましてね。護摩の灰とワセリンとブラジル産の薬をまぜた真っ黒なものなんですが、それを毎晩つけていました。ですから、学校で生徒たちから〝先生の手、いつも真っ黒〟ってからかわれたものです。

こうして、食事療法と塗り薬とお加持で少しずつよくなり始めて、五、六年かかりましたかしらね、完全に治るまでに。治ってから四、五年になりますけど、手はいつもすべすべで、それ以来ひび割れはまったく出なくなりました。

治ってからというもの、私はみなにいうんですよ。お医者さんでダメなら恵観先生のところへ行ってみたらって。うちの学校の子供たちも、ずいぶん行きましたよ。ほとんど治っちゃいますね、先生のお加持で。ぜん息とか捻挫《ねんざ》なんか、一回のお加持で治りますよ、不思議ですよねえ」

Nさんがいうように、わたしはNさんの音楽教室の生徒には、ずいぶん加持をやっている。

その一人、M子さんは小学校四、五年の頃、ひどい小児ぜん息に悩まされ、そのために学校もしばしば休むほどであった。医者へ通っても全然よくならない。それでわたしのところへ来たわけだが、一回加持を受け、その足で病院へ行き検査を受けたところ、ぜん息の気はまったくなくなっているという診断であった。M子さんは現在中学三年だが、それ以来ぜん息に悩まされたことは一度もない。

また、昨年の十二月三十一日のことだが、小学生が両親に抱えられてやってきた。正月の二日に高千穂へ行く予定だが、子供が暴れて足を捻挫してしまった。どうにかならないだろうかという話であった。わたしが加持をすると、その子はその場ですぐ歩けるようになった。正月にはちゃんと自分の足で山に登っている。

このほか、松葉杖にすがって来た人が歩いて帰ったとか、へし折れた骨がくっついたとか、いちいち詳しくは申しあげないが、このように一回の加持で完治したという例は数えきれないほど豊富にある。

一回の加持で治ったもので、変わったケースを一例だけ紹介しておこう。

これも音楽教室の生徒の話だが、小学校二年生の子供が、ある日突然、楽譜が見えないといいだした。それも全部ではなく、楽譜の右上半分だけが見えないというのである。といって、すべての物の右上半分が見えないというのではない。本を読むときなどにはちゃんと見える。条件によるのである。つまり、グランドピアノの場合、子供が椅子に座ると、楽譜の位置が自分の目線に対してかなり上方になる。したがって、子供が楽譜を見るには、どうしても上目づかいになる。このときに、楽譜の右上半分が見えない、というのであった。

先生や両親は最初、子供が「見えない」というのを聞いても、「ピアノの練習がイヤだからそんなことをいうのだろう」と本気にしなかったという。しかし、それにしては、右目だけ見えないというのはおかしい。子供は本当に見えないのだという。もし、目に異状があれば大変なことだ。それに、この子のお父さんが弱視で、目には平素からきわめて神経をつかう方であった。

そこで万一のことがあってはと、両親は子供を病院へ連れていった。ところが、検査の結果は「異状なし」というものであった。だが、子供は現実に見えないといっている。念のため、別の病院へ連れていった。すると今度は、「放っておくと失明する恐れがある」という。結論がまるで違うのであった。

途方にくれた両親は、その後、鹿児島県下の眼科医や病院を五、六軒回った。しかし、診断の結果は全部が違った。原因不明、病名不明ということで、正しい処置のとりようがないのであった。

両親は弱りはてた。「異状なし」とする医者と「失明する」という医者が半々である。異状なしなら幸いだが、万が一失明ということになったら取り返しがつかない。眼科なら長崎医大へという話も出たが、長崎まではあまりにも遠い。

それで、Nさんにすすめられてわたしのところへ来たのであった。

十五分間ほど加持をしただろうか。加持が終わったとたんに、その子供が「治った！」と叫んだのである。子供がいうには、加持を受けている間に黒い点々が目の回りに集まってきて、それがパーッとはじけるように散り、そのとたん見えるようになった、ということであった。

その後、異状は起こっていない。

わたしの経験からいうと、一般的に加持を受けて治るのは、大人より子供のほうが早いようである。これは、おそらく、子供のほうが病歴が浅いこと（大人の方の場合には、あちらの医院、こちらの病院、また神社仏閣と回られて、最後にわたしのところへ来られる方が多い。その分だけ病気が進行する度合が強くなる）、それと、子供のほうが加持に対して素直な気持ちで臨めるためではないかと、わたしは思う。

ガンが治った

時代によって難病にも移り変わりがある。

かつて「結核」が不治の病として恐れられた時代があった。しかし、ペニシリンの発見等医学の進歩により、現在では結核は、それほど恐ろしい病気ではなくなっている。

現代を代表する不治の病といえば、誰が考えても「ガン」であろう。

しかし、そのガンさえも加持祈禱で治る場合があるのだ。ガンは現代医学では不治の病とはいっても、加持をすることにより、症状を軽減し痛みをやわらげることは可能である。少なくとも、病院で手術したあとの再発を防ぐ力はある。

ガンが恐ろしいのは、手術をして患部を除去したからといって、治るという保証がない点だ。いつの間にか、医師の目の届かないところへ転移しており、それが元になって再発し、結局亡くなってしまうという不幸なケースは数多く見受けるところだ。

日進月歩の著しい現代医学も、ガンに関しては、その光がゆき届いていないというのが現状ではないだろうか。

繰り返すようだが、加持には、少なくとも、ガンの再発を防ぐ力があるのだ。

三年前の話である。

ある中年の婦人が乳ガンの手術を受けた。そのとき四、五人の女性が同じ病院で同じ時期に、同じ乳ガンの手術を受けた。そして、その中年の婦人だけが、手術をした後、人からわたしのことをお聞きになり、念のためと思われたのか、加持を受けにみえられた。

結果――、その婦人以外の方は、全員が手術後再発、手当てもむなしく、亡くなられたのである。その婦人には、いまも加持を続けているが、三年以上たった現在も異状はほとんど認められず、もう再発することはないだろうとわたしは思っている。

わたしには、お医者さんで病気の原因がわからなかったのに、わかることがよくある。

こう書くと多くの方は、お医者さんにわからなかったものがどうしておまえにわかるのか、といぶかしく思われることだろう。

言葉では説明しにくいことなのだが、加持をしていると、わたしの手が自然に相手の患部へいってしまうのだ。そして、その患部が熱を帯びて熱くなってくるのである。さらに加持を続けていると、今度は患部にボーッと赤い熱のようなものが見えてくるのだ。先ほどと同じで、見えるといっても肉眼で見えるわけではない。わたしの心眼に見えてくる。それで本当の病因がわかるのである。

なぜ加持祈禱で治るのか

わたしがこれまで書いてきたことは、すべてわたしが実際に行ってきたことを、ありのままに述べた事実である。しかも、ここに取り上げたのは、ほんの数例にしかすぎない。その内容上、名前を仮名にした以外は、フィクションは一切入れていない。

ここまでお読みになって、わたしが最初に「奇蹟は実在する」といった意味をおわかりいただけたであろうか。

世の中には人知でははかり知れない「不思議」が無数に存在しているのである。けれども、あるいは、こうおっしゃる人がいるかもしれない。

「なるほど、治ったことはわかった。しかしそれは加持の力でではなく、何か別の要素が働いたためではないのか。おまえにはわからないのかもしれないが、科学的に証明できる何物かがあるのではないか。また、偶然治ったということも考えられるではないか」——と。

そう思われるのは、もっともである。現代の科学的見地からすれば、まったく筋の通らないことばかりだからである。

しかし「偶然」であるにしては、実例があまりに多過ぎる。もし、これが全部「偶然」であるとしたら、そのほうがよほど「奇蹟」であるとしかわたしには思われない。

また、このような現象について、すでに誰かが科学的メスを入れているのかもしれないが、わたしは、浅学のためか、いまだにそのような話を聞いたことがない。

やはり、何か現代の科学では解明しえない別の力が働くとしか、わたしには思えないのである。

いったい、それは何なのだろうか。

この点については、わたしにも明確な根拠は示せないのだけれど、わたしなりの考えをいっておこう。

わたしの加持祈禱を受けた信者さんたちは、わたしの手が患部に置かれると、猛烈に痛くなり、次にはその部分が熱をもってくるという。症状が悪ければ悪いほど痛みは激しく、熱さも増すのだと。

みなさんがそういうのである。

どうやら、ここいらあたりに秘密を解くカギがあるように思う。

わたしは信者さんたちによく話すのだが、わたしたちが生きているこの宇宙にはリズムがある。一定のリズムに乗って宇宙は息づいている。それと同様に、わたしたちの身体にもリズムがある。わたしたちもそのリズムに乗って生きている。宇宙を大宇宙（マクロ・コスモス）であるとすれば、わたしたちの身体は小宇宙（ミクロ・コスモス）である。

端的にいえば、その自分自身のリズムと大宇宙のリズムが合致しているときは、わたしたちの身体・精神は健全、息災なのであり、自分のリズムが宇宙のリズムに合わないときに、病気になったり、不健全なことが起きたりするのだ――と。

だから、わたしが病気を治すということは、とりもなおさず、その人の狂ったリズムを宇宙のリズムに合わせてあげるということである――と。

わたしは、信者さんにこう話す。

話が抽象的に過ぎるだろうか。もう少し具体的にいってみよう。

弘法大師は「加持」について、「加持とは、如来の大悲と衆生の信心とを表す。仏日の影衆生の心水に現ずるを加といい、行者の心水よく仏日を感ずるを持と名づく」（『即身《そくしん》成仏義《じょうぶつぎ》』）といっている。

つまり、仏がみなを救いたいという光（大慈大悲）は、この全宇宙のあらゆるところにあふれている。その光は、生きとし生けるもの、ありとあらゆるものすべてにゆきわたっている。それを受け取れるかどうかは、受け取るほうの心の状態で決まることだ。もし、受け取るほうの心がきれいで動かない水のような状態であれば、その光を受けてキラキラと輝くことができる。受け取るほうの心が濁っていれば、光はむなしく通り過ぎ、せっかくの仏の慈悲もムダになってしまう、ということだ。

これは、ちょうど電波の発信・受信のようなものだと思っていただければいいだろう。相手が助けたい助けたいといつも発信しているのに、こちらの受信機がこわれていたり、動いていても相手と周波数が違っていては、いつまでたっても電波はキャッチできない――それと同じことである。

加持とはつまり、心のきれいな行者が、仏と一体となり、その仏の光（宇宙に遍満するエネルギー。愛といってもよい）を自分の体内にくみ入れるということだ。その瞬間、行者自身が仏になる。詳しくは、章を改めて申しあげるが、密教では、これを「即身成仏《そくしんじょうぶつ》」（この身このまま仏になる）という。

そして、自ら仏になった行者が、祈禱する（祈る）ことにより、自分の体内に取り入れた仏の力（これが先ほどいった宇宙のリズムである）を患者さんに注ぎ込み、病根を取り除く――これを加持祈禱というのである。

これは、お母さんと子供の関係を考えていただいたら、理解が早いのではないかと思う。子供が病気になったら、お母さんはどうするだろう。医者を呼ぶよりも、薬を飲ませるよりも、まず、患部に手をやり、少しでも苦しみをやわらげようと、なでさするのではないだろうか。病気の治療を「手当て」という。まず、患部に手をやるのである。熱はどれくらいかと額に手をやり、お腹が痛いといえば、一心にお腹をさすってやる。

注射の力を借り、薬の助けを借り、それでも子供が苦しめば、一晩中でも、痛むところ、苦しいところをなでさすってやる。それが母の姿ではないだろうか。そのときお母さんは無心のはずである。何とか子供を助けたい、楽にしてやりたい、その一心で、自分のことなど頭のどこにもないはずだ。無欲無我——このときのお母さんは、まさに仏の心境であろう。

お母さんのその姿に宇宙（仏）が共鳴し、宇宙にある膨大な量のエネルギー（愛）を送り込む。そのエネルギーがお母さんの手を通して子供の体内に入り込み、病気を治す大きな力になる、とわたしは思うのである。

行者がみなさんに加持祈禱を行うのも、その基本はこれとまったく同じことだ。ただ行者のほうが、絶えず行をして自分の力を磨いているため、宇宙のエネルギーを取り込む力がお母さんよりはるかに強いのである。

加持祈禱で病気が治るということは、つまり、そのような力が働くためだとわたしは考える。

密教では、宇宙とは大日如来であるとする（大日如来については三章で述べる。とりあえずは、根本仏――仏の中の仏、つまり数限りなくいる仏さまたちの〝ドン〟だと思っていただければよい）。

この宇宙そのものが、大日如来の顕現（あらわれ）であるとする。それどころか、この世に存在するありとあらゆるものが大日如来のあらわれであり、その本体はすべて大日如来なのである。すべてが、本来は仏であるということだ。

仏教ではこれを「一切衆生《いっさいしゅじょう》悉有《しつう》仏性《ぶっしょう》」（生きとし生けるものはすべて本性は仏である）といい、日本密教ではさらにすすめて「草木《そうもく》国土《こくど》悉皆《しっかい》成仏《じょうぶつ》」（ありとしあらゆるものはすべて仏になる）とする。

つまり、わたしたち人間も、その本体は大日如来＝仏にほかならない。ただ、そうであるということを、さまざまな煩悩《ぼんのう》に妨げられて、自分自身が気づいていないだけなのである。

先ほど申しあげた宇宙のリズムに自分のリズムを合わせるということは、つまり、加持祈禱を行うことによって、患者さん自身の内部に眠っている大日如来（仏性《ぶっしょう》という）を目覚めさせ、その仏の力（自分自身である）で病因を体内から追い出すということなのである。

加持祈禱で治るということは、人間（行者）の力で治すのではない。行者が仏の力、この宇宙に満ち満ちている愛の力を借りて治すということだ。言葉を変えれば、信者さんが生まれながらにしてもっている自分自身の力（仏性）に目覚めて、その力で前世からの因縁、宿業《しゅくごう》（積もり積もった悪）を断ち切り、病魔を追い払うのである。

それだからこそ、人知ではわかりえない「不思議」「奇蹟」が現れると思うのである。

この点で、医学と加持祈禱はまったく違うのである。

幸いなことに、最近は加持祈禱に理解を示してくださる医師の方が増えている。しかしその半面、加持祈禱というと、いかがわしい迷信か何かのように考えて、その本質を見定めようともしないお医者さんが多いのも、残念なことだが事実である。

わたしは、医学でどんな病気でも治せるというのは迷信だと思う。それと同様に、加持祈禱で全部の病気が治せるというのも迷信である。

人間には肉体と精神がある。肉体の病気は医師が医学で治し、精神の病気（霊が関係するもの）は、行者が仏の力を借りて加持で治す――それが正しい病気治療の姿だと、わたしは思うのである。

しかしながら、現状はといえば、医療、つまり、肉体の治療だけが優先されて、加持祈禱、すなわち霊的な治療は、あまりにもないがしろにされているように思われてならない。

これはおそらく、明治以来、西洋文化を取り入れるのを急いだあまり、あまりにも、科学的合理的考えだけを重視し、日本人が本来もっていた、東洋的な知恵を忘れてしまったためではないかと思う。自然とは、生命とは、人知でははかり知れない不思議なものである。神秘にあふれたものなのである。

何でもすべてを科学の力で解決できると考えるのは、現代人の傲岸《ごうがん》さではないだろうか。未知なるものに対して、もっともっと謙虚になることが、いまこそわたしたちには必要なのではないかと思うのである。

2　肉眼で見えなくとも心眼でわかる

人の訪問や電話が事前にわかる

わたしは紫原の自宅から平川の最福寺まで車で行き来している。鹿児島は東京や大阪ほど車のラッシュは激しくないため、時間がかからず便利だからである。

車には弟子が同乗することもある。

わたしは寺へ向かう途中、車の中で弟子にポツリとこういう。

「今日は、全然知らん人が来るよ。自分の商売上の相談ごとをばもってね」

それで、寺へ着いて行が始まると、はたして、いままで一度も来たことのなかった人が姿を見せる。行が終わった後、聞いてみると、

「自分はガソリン・スタンドを経営しているのだが、最近売り上げが下がる一方でどうにもならない。どうしたらいいのだろう」

という相談である。

これには最初の頃はわたしの弟子もびっくりして、「前の日に連絡があったんですか」とわたしに聞いたものだ。

そうではない。事前に連絡をもらったわけではない。自然にわかってしまうのである。「ああ、今日はこんな人がこんな悩みをもってやってくるな」ということが、心の中に見えてくるのである。前節で「病根が見えてくる」と述べたが、あれと同じことである。

弟子は、そういっても、最初はなかなか信用しなかったが、あまりたびたびそれが重なるものだから、そのうち納得するようになった。

それにしても、なぜわたしにこのようなことがわかるのだろうか――。

基本的には、前節の病気の治癒で述べたことと同じメカニズム（？）が働くのだろうと思う。

相手が苦しみから何とか助かりたいと願って、一生懸命にわたしのことを思ってやってくる。その相手の思い、願いがわたしに伝わってくる。わたしの身体全体がそれを感じるのである。前節のたとえでいえば、相手が一生懸命電波を発しているその念を、わたしの人一倍鋭敏な受信機がキャッチするのである。

それがどこの誰であり、どんな格好をしているのかということまではわからないが、こんなことが心配で、こんなことを聞きにこられるのだな、ということはわかるのである。相手の悩みが深く、わたしに助けを求める気持ちが強ければ強いほど、感応の度も深まり、内容も詳しくキャッチできる。それとは逆に、わたしを頼る度合が少ない人の場合には、わたしの反応も鈍いのである。

これは電話に関しても同じことがいえる。

わたしは、電話のベルが「リリーン」と鳴るその直前に、「あっ、電話がかかる」ということがわかるのである。だから、電話が鳴る前に、受話器を取って「ハイ」といってしまう。無意識のうちに手が受話器を取ってしまうのである。それで相手に通じる。何しろ、発信音が行く前に、わたしが「ハイ」というものだから、電話をかけてきた人は仰天する。「早いですねえ、ベル鳴ったんですか？」とけげんそうに聞くのである。

しかし、考えてみれば、回線が通じていないのに、受話器を取り上げても相手と通話のできるわけはない。思うに、回線がつながりベルが鳴り出す、まさにその寸前にわたしは受話器を取り上げるのであろう。

こんなことがあった。

わたしは鹿児島市で幼稚園を開いていたが、その幼稚園の事務長の話である。

彼はわたしとは高校時代の同級生で、その後、名古屋大学を経て鹿児島大学を卒業しているインテリである。学生運動などもやったコチコチの唯物論者で、宗教とか奇蹟とかいったことは、まるで信用しようともしない人物であった。

その彼がわたしのところへ来たときのことである。

例のごとく、わたしは電話が鳴るのがわかった。そこでベルが鳴る前に受話器を取った。電話は、その事務長の奥さんからであった。わたしはいたずら心を起こし、事務長に受話器を渡す前に、しばらく奥さんとムダ話をした。その間、事務長はキョトンとした顔でわたしを見ている。呼び出し音が鳴ってもいないのに、わたしが電話で話をしているものだから、彼はわたしが冗談をやっていると思ったらしい。

それで、「奥さんからの電話だよ」と、受話器を渡すと、アッケにとられたような顔になった。半信半疑でそれでも受話器に手を伸ばす。話してみると、ちゃんと通じている。

彼はわたしがトリックでも使ったのではないかとでもいうような、キツネにつままれたような顔で帰っていった。

しかし、このようなことが二度、三度と重なると、彼もついにカブトを脱ぎ、信じるようになったのである。

それにしても、なぜ、わたしに、このような力が与えられたのだろうか。

わたしは、先天的なものに、これまでわたしが行ってきた行の力が加わったためではないかと思う。

わたしの行の主体は護摩行である。護摩木を焚き、手に印契《いんげい》（印相《いんぞう》ともいう）を結び、口に真言を誦《しょう》しながら、心に不動明王を念ずる行である。

その護摩行の一つに、八千枚護摩行というのがある。正しくは「焼八千枚護摩供《しょうはっせんまいごまく》」といい、これがわたしの行の眼目になる。その次第、詳細については、章を改めて詳述するが、一口でいえば、十日間から二十日間あるいは五十日、百日間にわたり、五穀断ち、十穀断ち、あるいは断食をやりながら護摩を焚き、不動尊の真言を数十万遍繰るという行だ。最後の結願《けちがん》の日または前三日間は水も飲まず、護摩木八千枚を焚くという荒行である。途中で意識を失うこともしばしばという命懸けの行である。現実にわたしの弟子の一人は、この八千枚護摩行の最中に、護摩壇の上で命を失っている。

わたしは、今日までにこの八千枚護摩行を八十回以上行っている。焚いた護摩木（乳木《にゅうぼく》という）は百万本に近い。おそらく、全国の行者で八千枚護摩行をこれだけこなしたのは、わたし以外にはいないのではないかと思う。正式に調べたわけではないが……。

この八千枚護摩行で断食を行っていると、不思議なほど感覚がさえてくるのである。たとえば、行をしながら、目の前の線香の灰が「パタリ」と落ちる音が聞こえるのだ。また一キロも二キロも先で作っている料理の匂いがわかるのである。それくらい感覚が研ぎ澄まされる。

行が終わった後は、五感が異様なほど鋭敏になっているのが自分でよくわかる。弟子や信者さんたちにいわせれば、人相まですっかり変わってしまうというのである。

このような激しい行をやった結果、わたしの内部にある全感覚が研磨されて、それが心眼という形に昇華されてきたのではないかと思うのである。

それと、もう一つは先天的なものである。わたしは子供の頃にもそのような力をしばしば発揮した。

子供の頃、わたしは修行のため父に連れられてよく托鉢《たくはつ》に出かけた。

そのときのことである。

托鉢に行った家の玄関のところに立つだけで、わたしには、その家の中のことがよくわかった。

この家には病人がいるとか、この家は夫婦仲が悪いとか、といったようなことが、自然にわかり、それが当たっているのであった。この家ではもうすぐ牛が産まれる、メスで体に白いぶちがあると予言して、その通りであったこともあった。

そういったことが不思議によくわかった。まだ子供であったため、感じたことをすぐ口に出して父にいい、父をしばしば驚かせたものであった。

父が単独で外出したときなど、わたしは家にいながら、父がどこにいてどんなことをしているのかもわかった。ことに、父が外出先から帰宅する際には、いまどこにいてどんな格好をして歩いているといったようなことが、手にとるようにわかるのであった。

それを身体全体で感じるといったらいいか、あたかも、自分がその場にいるような気持ちになる、相手と一体になるというような感じであった。

わたしにこのような力がいちばん出たのは、小学校、中学校の頃ではなかったかと思う。高校に入ってからは、それほどには感じなかったようだ。わたしが、ふたたびそのような力を感じ始めたのは、次章に述べる、二十代後半になって、本格的に行をし始めてからである。

このように、先天的なものに行の力が加わって、いまのような心眼が身についたと思うのである。

この心眼は、人の訪問や電話以外にも、さまざまな面で現れる。次に、その例のいくつかを紹介しよう。

相手の運勢、商売運が見えてくる

何か物事がうまくいかなかった場合、「残念だ」という。この「残念」ということは、文字通り念が残ることである。悔しいという思いが取り憑いて離れないことである。

たとえば、自分が大切にしていたものをなくしたとか、やむをえない事情があって手放したとかいった場合、「残念だ」という思いがいつまでたっても脳裏を去らないものだ。この「残念」という気持ちが強いと、その思いが念となって失った物に取り憑いてしまうことがある。

あるとき若いＯＬの方が、わたしのところへ相談にみえた。

半年ほど前から何をやってもうまくいかないようになった。会社では、人間関係がうまくいかない。どうも人が自分を避けているような気がして仕方がない。お見合いをしたときも、自分は相手を気に入り相手も自分を好もしく思ってくれたようだったのに、結局は破談になってしまった。あれやこれやで精神がめいってしまっている。どうしてこんなことになってしまったのだろう、という相談であった。

わたしは、しばらく想をこらしたが、わたしにもどうもよくわからない。理由が見えてこない。おかしいなと思ったわたしは、その女性がつけている腕時計にふと目をやった。由緒のありそうな立派な時計である。

その腕時計に目をやったとたん、わたしは異様な感じに襲われた。不思議に思って、その腕時計を手に取ってみた。手に取って観ずれば観ずるほど、異様な感覚は深まるばかりである。

わたしはそのＯＬの方に、この時計はどういうものか聞いてみた。

すると、半年前、中古品を手に入れたのだという。安かったので、掘出物だと思って買ったというのであった。

それを聞いてわたしは、初めてその女性に運が向かなくなった理由がわかった。おそらくその腕時計の前の持ち主が、うっかり落としたものが中古品市場へ流れたのか、あるいは金銭的な理由か何かで手放されたのであろう。お母さんの形見であったのかもしれない。ともかく、その前の持ち主の時計への愛着心が霊となって、その腕時計に取り憑いているのであった。その霊が邪魔をして、その女性のやることなすことがうまくいかなかったのである。

わたしはその旨を相手に告げ、護摩供養をして、時計に取り憑いている邪念を取り払った。それ以来、その女性の運は好転し、一年ほど後に相手に恵まれ、いまでは一児の母となっている。

仏像、刀、鏡、くしなどにとくにこの霊が取り憑く場合が多いようである。これらの物に執着する気持ちがそれだけ強いからであろうか。

このような話も言葉だけで納得していただくのはむずかしいだろうと思う。「念」とか「霊」とかいっても、肉眼で見えるわけではない。わたし自身にも「霊」や「念」が見えるのではなく、観想するうちに身体全体で感ずるというか、わたしの心中に見えてくるのである。

この「霊」についても、章を改めて申し述べたいと思う。

このことは、商売などについてもいえることである。

前項でふれたガソリン・スタソドの経営者のことだが、この方の場合は、近くに新しいガソリン・スタンドができた。いうなれば、商売仇である。新しいスタンドの経営者が人一倍強欲なせいもあり、何とか自分のところが儲《もう》かるようになりたいと思っていた。それが嵩《こう》じて、ついには、相手がダメになったらいい、あいつのところをつぶしたら、自分の店は繁盛すると考えるまでになり、その念が、この方の商売運の邪魔をしていたのである。あるいは、また、その土地柄、家柄に不浄霊が憑いていて、それが商売の邪魔をしているという場合もある。これも、商売がうまくいかない原因になる。

直接現地へ行かなくても、話を聞き、場所を教えてもらって、じっと観想すれば、そのようなことがわかるのである。先ほど申しあげたように、観想すると、よい場合は非常に明るく感じるし、悪い場合は、異様な感覚を受けるといったふうに、わたしの身体全体が感応するのである。そして、悪い場合には、祈願札に店の場所などを書いていただき、商売繁盛を祈願してその札を護摩で焼き、不浄霊を成仏させるのである。

また別の例だが、仲むつまじかったご夫婦の間が、突然うまくいかなくなった。ご主人にも奥さんにも思いあたるフシはまったくない。性格の不一致というわけでもなかった。それなのに夫婦の間に亀裂が入ったような状態になったのである。このままでは、お互いに面白くなく、わけのわからないままに別れることになるかもしれない。どうしたらいいものか、と相談にいらしたのである。

よくある話、ではないだろうか。

このご夫婦の場合は、奥さんご自身はご存じなかったのだが、この奥さんのことを猛烈に思っている人がいた。しかし、相手は人妻である。子供までいる。いくら好きになったからといって、一緒になれるわけがない。そのために、その人は日夜悶々として、奥さんを慕う思いが、発散する場所がないままつのりにつのって、それが念となって奥さんに取り憑いてしまったのであった。

わたしは、その霊の良心に、いくら思ってもダメである。相手には子供までいるんだからあきらめてほしいと訴えて祈願をし、その念を取り除いたのである。

ところで、先ほどわたしは、観想すれば霊の存在が見えてくると申しあげたが、この「観想」を密教では、ことのほか重視する。

修法にも、「日月輪観《にちがちりんかん》」（心に日輪《にちりん》＝太陽、月輪《がちりん》＝月、を観ずる）「阿字観《あじかん》」（梵語《ぼんご》の阿字を観ずる）「五相成身観《ごそうじょうしんかん》」（仏になるべき五つの過程を観ずる）などがあり、いずれも密教の眼目である「即身成仏《そくしんじょうぶつ》」（この身このまま仏になる）のための秘法とされている。「観想」と口でいえば簡単であり、誰にでもできそうに思われるかもしれないが、霊を見抜くまでの奥儀をきわめるには、自分の生涯を懸けた厳しい行が必要なのである。

このようなわけで、わたしのところへは、事業、就職、転職、受験、入学、縁談、離婚話など、人生のあらゆる面での悩み、苦しみをもった方が、相談にいらっしゃる。わたしは、自分の力でできるかぎりのお手伝いはしてきたつもりである。

しかし、このわたしの心眼も、わたしの母のそれに比べたら、子供のようなものにすぎない。次項では、この母の心眼について述べておきたい。わたしの心眼も、この母から受け継いだものが多分にあるのではないか、と思うからである。

海外の出来事まで見通す母の心眼

わたしの母も行者である。

わたしは父からと同時に、この母からも、行者としての心得、修法、精神を叩き込まれた。ことに、二十代後半に修験の道に戻ったわたしを、一人前の行者に育ててくれたのは母であった。

真言宗の機関誌である『六大新報《ろくだいしんぽう》』の昭和五十四年新年号に寄せた一文で、わたしは母のことにふれ、このように記した。

「私事で恐縮ながら、私の母の姿もそこ（注・行法に徹すること）にある。無学にして教学の一字も知らぬ身ながら、ひとえに南無大師遍照金剛（注・弘法大師のこと）を念じ、光明真言に生きる母の前には、老若男女あり、政治家、大学教授、医師ありで、私は母としてよりは、師僧の一人としてその生活を観る。山中荒野に修行したことこそないが、数十年にわたる寒中水行の修行や毎日の護摩修法によって得られた信仰が語る言葉は、私にとっても、また毎日の参拝客にとっても、そのまま「お大師さま（注・弘法大師）の教え」であり、大日如来の内証《ないしょう》（注・悟り、真実という意味）の具現なのである。形式、外儀を離れ、ただひたすらに合掌し、自らの生きる道を求める姿はまことに尊いものである」

――と。

母は大隅《おおすみ》半島の志布志《しぶし》湾に面した東串良《ひがしくしら》にあるわたしの生家、西大寺《さいだいじ》で、深夜零時から三、四時間にわたる激しい行を連日続けていた。

さて、その母の心眼だが、これはわたしの比ではない。

たとえば、縁談などがあった場合、結婚する当人に会わなくとも、両人の名前を聞いたり、その人に一番、二番といった番号をつけ、その番号を聞いて念をこらすだけで、母は両人の性格、人柄、将来のことまで見抜いてしまうのである。そして、それが不思議にあたるのだ。

仮にある男性に三人の女性との間で縁談がもちあがったとしよう。誰にしたらよいか母のところへ相談に来る。すると、母はその三人の女性の名前や番号を聞くだけで、じっと念をこらす。そして「この娘は性格が陰気すぎる」「この娘はあんたのことをば思うてはおらん。それに金使いが荒い」とかいうのである。調べてみると、はたしてその通りなのである。

そればかりではない。母は自分では一度も行ったことのない外国のことでも心眼でわかるのだ。

昭和四十五年頃のことであった。

その頃、ブラジルのサンパウロに真言宗を布教するための別院を造ろうという話がもちあがった。現地で林度全《たくぜん》主監が東奔西走したが、資金面でもう一つ不足であった。林主監が帰国されたとき、わたしは林主監から「信者さんを中心に動いてもらっているが、大きな金を出してくれる人がおらんと寺はできん。どうしたものだろう」との相談を受けた。

わたしはさっそく母に電話してことの次第を伝えた。すると母は、しばらく考えてこういったのである。

「その寺を建てる場所を中心として、そこから東南のほうへ五キロか一〇キロくらい行ったところに、鉄工所を経営している人か大きな事業をしている人がいる。その人たちに頼めば力になってくれる」

わたしは林主監にそのことを伝えた。それで林主監がサンパウロへ戻り調べたところ、たしかに母がいった方角に、鉄工所を経営している人や大事業家がいた。それでその人たちに頼んだところ、その人たちは自分でも資金を出してくれたうえ、多くの資産家の紹介もしてくれた。信者さんたちの絶大な協力もあり、こうして別院は完成したのであった。

(別院の創建に奔走された初代主監の林度全僧正は、その後、現地でお亡くなりになっている。心からご冥福をお祈り申しあげる。合掌)

むろん母はそれまでブラジルへは一度も行ったことはないし、ブラジルに知人がいるわけでもない。私から話を聞いて念をこらすと、現地の状態がわかったというのである。

また、こんなこともあった。ブラジルの話から数年ほどたってからのことだと思う。

アメリカ在住のある開教師の方が、「家を買いたいのだが、よい物件がなかなか見つからない。どうしたらいいだろうか」という電話を母のもとへかけてきた。この開教師の方は、母の心眼の力を知っていたのである。すると、母は「いまあなたが住んでいるところから、何本目の道をどっちの方角に何メートルほど行きなさい。そこにそう古くない白い建物がある。その家ならあなたの条件に合うはずです」というようなことをいったという。で、開教師の方が探してみると、はたして、値段といい大きさといい自分の希望にぴったりの物件が見つかった。わたしは、この話を後日、その開教師の方から聞いて、驚いたことであった。

もちろん、母はアメリカへも一度も行ったことはない。

母にどうしてわかるのかと聞いても、ただ首を振り、「人にきかんでも、無心に真剣に欲をなくして祈っておれば、おまえにもいろいろとわかってくる」と、ポツリというだけであった。わたしにはその言葉が千金の重味となって響いてくるように思えた、自分も、この母に負けぬよう、もっともっと行を積まなければ、と強く心に誓ったのであった。

話は変わるが、わたしが講演を頼まれて、その旨を母に報告したときのことだ。母はわたしにこういった。

「タカが飛べば、クソバエも羽を広げる」

つまり、見事にさっそうと飛ぶタカの姿を見て、クソバエが俺も羽をもっているんだぞと威張って飛んでみても、しょせんクソバエはクソバエ、タカのまねなどできるものではない。おまえも講演などという大それたまねはせずに、仏さまの前で手を合わせて拝んでいればよいのだ――こういって、母は、ともすれば増長しがちになるわたしの心を、たしなめてくれたのであった。

このような母の力があったからこそ、現在のわたしがあると思うのだ。

いったい、わたしはどのようにして、現在の力をもてるようになったのか。次章にわたしの半生を語ることで、それをみなさんに知っていただきたいと思う。

二章　わたしの法力の秘密

1　先祖代々行者だったわたしの家系

五百年の血をひく行者の心

最初に述べたように、わたしの家柄は代々行者である。それも真言宗に籍を置くようになったのは、わたしの父の代になってからで、それまでは、山の修行者——修験《しゅげん》であった。修験とは山伏《やまぶし》のことである。古くは山臥《さんが》ともいった。その特徴を一口でいえば、「山岳に登拝修行し、そこで体得した験力《げんりき》をもって、加持祈禱の呪法を行う者」（和歌森太郎『山伏』）である。

日本では古くから、山岳や河川、荒野、海浜などの人跡未踏の地は、霊気の多い「聖なる地」であるとされ、そのような場所で修行を重ねる者が多かった。それが六世紀に渡来した仏教と結びつき、七世紀になって修験道《しゅげんどう》という日本独自の宗教を形成し、日本全国の山々に広がっていったのである。

やがて密教が伝わると、修験道はこれと結びつき、天台密教と結びついた修験道は本山《ほんざん》派《は》、真言密教とつながった修験道は当山派《とうざんは》という修験集団を結成し、この両派を中心にして、その後さまざまな紆余曲折《うよきょくせつ》を経ながら今日にいたったのである。

弘法大師も処女作『三教指帰』を書いた二十四歳のときから入唐《にっとう》するまでの七年間、この修験の道を歩み修行をしたと伝えられる。

修験道の行者は、普通の僧侶と違って、自分の身体を酷使して、ひたすら行の実践に励む。教理、教論は二の次である。ときには集団で、またときには単独で、けわしい山岳や無人の荒野へ出向き、座禅を組んで冥想にふけったり、崖をよじ登って心身を鍛えたり、滝に打たれ経文を唱えたりして、自分の力（験力《げんりき》という）を磨くのである。

その行の様子は、たとえば「ただひたすら山中をあるいて身を苦しめ、禁欲と孤独に堪え、ときには寂莫境《じやくまく》で無念無想の三昧《ざんまい》に入り、ときには滝や海の音にも敗けじとはげしく祈る。また断食断水不眠不動の四無の行によって、死と直面する」（五来重『修験道入門』）という、文字通り自分の身体を張っての命懸けの修行である。

こうして得た験力で、行者は、加持・祈禱・符呪《ふじゅ》などの宗教活動を実践する。

その姿は今日でも日本各地の山々で見かけられるところだ。護摩木を焚いた火の上を素足で渡る火渡りや、むき出しの刀の階段を登る刃渡りの術などを、テレビなどでご覧になった方も多いだろう。

（修験道について詳しく知りたい方は、『修験道入門』＝五来重著・角川書店刊、『修験道史研究』＝和歌森太郎著・平凡社東洋文庫、『山伏』＝和歌森太郎著・中公新書、『修験道』＝宮家準著・教育社歴史新書などが手に入りやすく便利である）

このような姿で、山伏は今日まで民間信仰の根強い支持を受けてきたのであった。

わたしの祖先は、いまから五百年ほど前の室町時代の頃、修験の世界に入ったと伝えられる。前に述べたように、修験行者は実践を主としている。そのため、書き物としての記録はほとんど残さない。自分が身につけた験力、秘法は、弟子から弟子へと口伝で伝える。したがって、わたしの家にも記録はないのだが、わたしが父や近在の古老たちから直接聞いたところでは、室町期の頃だということである。わたしで十八代目になる。

わたしの家系は本来伽藍《がらん》（寺）はもたない。伽藍をもつと壇家ができ、十分な修行ができないためである。わたしの家系でも、寺を造ったのは父の代になってからのことであった。それまでの先祖は、深山にこもったり、島へ渡ったりしてひとりで行を積み、ときどき里へ顔を出し、自分の身についた験力を用いて加持祈禱を行ったという。

鹿児島にはかつて、大隅半島一帯を支配していた肝付氏《きもつき》という豪族がいた。新来の島津氏に滅ぼされた一族だが、伝えられるところによると、わたしの先祖は、この肝付氏の居城、肝付城お抱えの行者のときもあったらしい。

鹿児島は昔から、修験道の盛んな土地であった。多くの行者が互いに験力を競い、呪い合い殺し合ったという。行者同士で血みどろの闘いが繰り広げられたのである。ことに幕末から明治維新にかけての島津家のお家騒動にまつわる呪殺合戦は凄まじいものがあった。

そうした中で生き残って今日まで血が続いているのだから、わたしの先祖の法力は相当なものであったろうと思われるのである。

その血を、現在、わたしが受け継いでいる……。

曽祖父の法力は絶大だった

前の項で述べたように、修験行者は記録を残さない。自ら悟った法を、自分の身体で自分の口で、弟子へ子供へと伝えていく。だから、わたしの先祖がどのような行を積み、どのような法力を発揮したのかははっきりしていない。

しかし、少なくとも、わたしが父やそれを目撃した地元の古老から直接聞かされた話では、わたしの曽祖父の法力は絶大なものであったという。

曽祖父は、一年のほとんどを山中や島で一人で過ごした。米を粉にして水でとき、それでピンポン玉くらいの大きさのダンゴを作り、それ一個だけをもって、船を頼んで絶海の孤島へ赴く。こうして、船頭に「二十一日たったら迎えに来てくれ」といい置いて、その島で行に入る。行の間中、口にするのは、ダンゴ一個と水だけだ。身体が衰弱しようが病気になろうが、本土へ帰る手だてがない。迎えの船が来るまでその島で生命をつながなくてはならないのである。こうして曽祖父は、自分の身を極限状況に置き、命懸けの行をしたという。

その曽祖父の法力とは、どのようなものであったのか。

わたしが古老から聞いたところでは、曽祖父は、空飛ぶ鳥を念の力で落とすことができたという。銃で撃つのではない。刀や槍で切ったり刺したりするのではない。石をぶつけるのではない。ただ飛ぶ鳥をじっと見つめ、念を込め気合いを入れるだけで、鳥が落ちたというのである。

こんなこともあったそうだ。

あるとき一人の行者が曽祖父に験競《げんくら》べを挑んだ。どちらの験力（法力）が強いか比べてみようというわけである。

で、その行者が竹やぶの竹にとまっているスズメに念を送ったところ、そのスズメはピクリとも動かなくなった。

今度は曽祖父の番である。

曽祖父も竹やぶにいる数羽のスズメに念を送った。同じようにスズメは動かなくなった。ここまでは同じであった。次に曽祖父は、つかつかと竹やぶに近づき、スズメがとまっている枝を折り、それを家の中の床の間に飾ってあった花びんに入れた。そのスズメは曽祖父が念を解くまで身動き一つしなかったという。

また、こんなこともあった。

これもある行者が曽祖父に、遠くの木にとまっている鳥を念力で落とすことができるかともちかけてきた。それに応じて曽祖父は念を送ったが、鳥は落ちない。いくらやってもダメであった。いぶかしく思った曽祖父がよくよく見ると、それは本物の鳥ではなく、鋳《い》物《もの》で作った偽物の鳥なのであった。

つまりその行者が曽祖父をひっかけたのであった。そうと知ると、曽祖父は、今度は「カラカネ崩し」という無生物に効く秘法を使って、見事その鋳物の鳥を落としたというのである。

このような例に比べれば、次のような術は曽祖父にとっては朝飯前のことであったのかもしれない。こんな話も聞いた。

村でお祭りが行われたときのことであった。

ある家の女の子が家へ帰ってみると、家人が誰もいなかった。女の子は晴れ着に着替えてお祭りに行きたかったのだが、あいにく晴れ着を入れた長持ちにはカギがかかっていた。着物を出したくても出せないのであった。

その女の子が両親の帰りを待ちながら、家の表でシクシク泣いているところへ曽祖父が通りかかった。女の子からわけを聞いた曽祖父は、家の中へ入り、長持ちに向かって念をかけた。すると長持ちのカギがパチンと開いたという。

まだある。

曽祖父は空の雲をも念力で切ることができたそうだ。雲に向けて曽祖父が念を送ると、雲がスーッと二つに分かれたというのである。(もっとも、これは、はたして曽祖父の念力で切れたのか、あるいは曽祖父が冗談か何かでやってみたら、たまたまそのとき、自然現象で雲が分かれたのか、はっきりしない話だが……)

ともあれ、そのような話を、わたしは子供の頃、父や古老たちからしょっちゅう聞かされたのであった。

曽祖父は明治の初め、七十歳代で天寿をまっとうしたという。

2　父母に鍛えられた少年時代

父に教えられた修験道の魂

わたしは昭和十一年十一月十五日、鹿児島県肝属《きもつき》郡東串良町にある西大寺で生まれた。六人兄弟の末っ子であった。

わたしが生まれた頃は、父の行の最も激しかったときであった。

境内には三つの護摩堂が設けられていた。その護摩堂では、代わる代わる休む間もなく護摩木が焚かれ、わたしの父母や兄弟、信者さんたちが『般若心経《はんにゃしんぎょう》』や『理趣経』を読経《どきょう》する声、不動明王はじめさまざまな仏さまの真言を誦《しょう》する声、父が、兄たちが真言を繰りながら汗みどろになって全身で打ち出す大太鼓の音が寺の境内に絶えず響きわたっていた。

それがわたしの子守唄でもあった。

護摩行を一回行うことを一座《いちざ》という。一座行うのに二時間ほどかかる。真剣に全身全霊を込めて行うと、終わった後は全身汗まみれになり、心身ともにくたくたになる。それほど激しい行である。

だから、八千枚護摩供とか特別の護摩とかいったよほどのことでもないかぎり、行うのは一日に一座である。それでないと身体がもたないからである。

それなのに、父はその頃、一日に護摩行を三座も四座も行っていた。朝も昼も夜もなかった。信者さんたちが総がかりで護摩木を作っても、すぐ足りなくなるほどであった。それが毎日のことであった。

なぜ父はそうまでして行に徹したのか。これには理由があった。

さきに曽祖父のことをお話ししたが、その息子、つまりわたしの祖父は行者ではなかった。普通の民間人であった。それまで十六代続いてきた修験行者の血が、わたしの祖父の代でいったん途絶えたのであった。

それだから、わたしの父も、最初は行者になるつもりはなかった。学校の教師をしたり、ミソ、しょう油の醸造にたずさわったりした。暮らし向きは豊かであったという。ごく普通の市井人であった。

ところが、父が三十の坂を越すと、父の身辺に奇妙なことが起こり始めた。

父が道を歩いていると、タカが飛んできて父の上空を舞い、やがては父の歩く先へ舞い降りる。こんなことが続いたのである。父は最初は「奇妙なタカがいるものだ」ぐらいにしか思わなかった。

ところが、数日後、父が病気になったのである。高熱が続き、医者を呼び注射をしたが治らない。薬を飲んでもダメであった。やむをえず行者を呼んで加持を受けた。しかし、最初の行者の加持では治らず、その行者は原因がわからないというのであった。

次に二人目の行者を呼んだ。この行者はわたしの家のことを昔から知っている人であった。曽祖父のことも知っていた。

その行者は父にこういった。

「鮫島《さめしま》さん（父の名は鮫島弘明といった。わたしの池口という姓は母方のものである。）、あんたには、行者だった先祖が天狗になり、あんたの霊として憑いている。その霊があんたに行者になってほしいといっている。自分たちの作った法灯を断やさんでくれと。もしあんたが行者になったら、先祖さんがあんたの守護霊となってあんたを守ってくれる。もし行者にならず法を断やしたら大変なことになる。あんたは若死するだろうし、子孫にもひびくことだ」

そういわれて父はハッと思いあたった。行者にならなかった父の父、つまりわたしの祖父は、三十代で早死している。

父も、曽祖父のことは、曽祖父の弟子だった人たちや近所の人から聞いて知っていた。行者とはどのようなものであるかも知っていた。

「よし、行者になろう。行者になって、先祖さまの気持ちにこたえよう」

父はこう決心した。すると熱はウソのように下がったという。

父はその足で鹿児島にある最大乗院という真言宗の寺へ行き、烏野弘弁《うのこうべん》師の得度《とくど》を受けて（僧侶になること）、弟子入りをした。

父は最大乗院で真言密教の行を積むと同時に、曽祖父の弟子から修験道の秘法も教わったという。深山で滝に打たれたり、崖をよじ登ったり、洞窟で座禅を組んだりという、ものすごい荒行であったらしい。後に、真言密教、修験道、その両方の秘法を、わたしは父から継ぐことになるのだが、そのときは、わたしはまだ生まれてはいなかった。

ほどなく父は真言密教の総本山である高野山へ行き、そこで修行を重ねた。そして加行《けぎょう》と伝法灌頂《でんぽうかんじょう》を受け、東串良に西大寺を開いたのである。（「加行」とは真言僧侶必修の行で、約百日間かけて四種類の行法を行うこと。また「伝法灌頂」とは、文字通り頂《いただき》（頭）に聖

なる水を灌《そそ》ぐことで、密教においては最も重要な儀式であり、この加行と伝法灌頂をすませないと、寺の住職にはなれない）

昭和九年、父が三十五歳のときであった。（ちなみに、父は昭和四十六年、七十二歳で亡くなるまで長寿をまっとうした）

わたしが生まれたのは、その翌々年のことである。つまり、父が寺を開き、新しい人生のスタートをきった直後のことであった。

父は必死であった。死に物狂いの行を続けた。十日間ばかり山へこもったきり帰らないこともあった。三十代半ばという中年にさしかかってから始めた行を、一日でも早く完成させたいと願ってのことだったのであろう。

父が行を始めると同時に、母も行を始めた。父が護摩壇で護摩木を焚くときは、母も一緒に座り、読経をし真言を唱えた。父が、滝行に行くときは、一緒に行って滝に打たれた。護摩行が三座あれば三座、四座あれば四座ともすべて務めた。母には子供の世話もあった。行は朝、晩、深夜延々と続く。母の寝る時間は、昼間数時間しかなかったという。熱烈な信仰心と、強靱《きょうじん》な意志力が母を支えたのだと思う。

前章で述べたように、それ以来、今日にいたるまで、母のその行は断えることなく続いている。

そのような環境の中でわたしは生まれたのである。

名前は正純《まさずみ》とつけられた。名づけ親は父の師である烏野弘弁師であった。したがって「鮫島正純」というのが、わたしの本名である。「池口」というのは先ほどもいったように母方の姓であり、「恵観《えかん》」というのは高野山大学三年生のときにつけられた僧名である。だから、わたしは、大学三年までは鮫島正純であった。

寺の境内には数多くの観音像、弁天像があった。毎朝、仏像にお茶とお水をあげ、お線香を焚く。わたしがよちよち歩き始めた二、三歳の頃から、それがわたしの日課になっていた。最初は兄や姉がやっていたのを見よう見まねで覚えたのである。

小学校へ入る前から、父母が行をしている行場へ出入りするようになり、少しずつ経文や真言を覚えていった。

毎朝お茶やお線香をあげる境内のお稲荷《いなり》さんに「どうぞ僕を日本一の行者にしてください」と、わたしが繰り返し祈願したのも、まだ小学校へ行く前のことであった。

父母が熱烈に行に打ち込む姿を目のあたりにしていたこと、および曽祖父が日本一の行者であったことを絶えず聞かされていたことから、子供心にもそのような気持ちになったのだと思う。そういう形で、わたしは、父から修験道の魂を教わり、それという意識もないうちに、修験の精神がわたしの身体と心にしみ込んでいったのであった。

五歳のとき初めて高野山へ登った。父に連れられて一家で行ったのであった。高野山の奥の院で『般若心経』を読誦し、不動真言を唱えた。お経は読めて真言はいえたが、まだ子供であった。高野山に詣でても、ありがたいも何もなかった。山道を長い間歩かされて足が痛くて泣いた——そのことだけしか覚えていない。

小学生のとき自分の法力に気がついた

わたしが小学校四年生のある夏の日のことであった。

わたしの友達のFがわたしの寺へ遊びに来た。Fはその夜わたしの寺へ泊まっていくことになった。その夜中のことである。

わたしの横で寝ていたFが、突然、大声をあげて泣きだした。身体中をかきむしり「痛い!! 痛い!!」と火がついたように泣くのだった。Fには身体全体にトビヒのようなものができていて、身体のあちこちに白いこう薬がはってあった。そのトビヒが汗でグショグショにただれ、そのために我慢ができないほど痛がゆいというのだった。痛みはおさまりそうもなかった。

わたしは思わずFの身体に手をやった。Fの患部をなで回した。夢中であった。Fの痛みを少しでもやわらげてやりたいという一心でFの身体をなでさすった。三十分もそうしていただろうか。Fは安らかな寝息をたて始めた。

翌朝、Fの身体を見てみると、ただれていたトビヒは全部カサカサに乾いてきれいになっていた。

このとき初めて、わたしは「ひょっとしたら自分には、病気を治す力があるのではないか」と思ったのである。

その後わたしは、前章でお話ししたように、他人の家の前へ立つだけでその家のことがわかるようになった。また行が終わった後、外へ出て、大空いっぱいに顕現した仏さまの姿を見て、思わず歓喜の涙を流したのもこの出来事の後のことである。

話は前後するが、父がわたしに行を仕込みだしたのは、わたしが小学校二年生のときであった。

昼過ぎ学校から戻ると、すぐ行が始まった。護摩木を焚く父の横に座り、読経をし、真言を唱えた。読経といっても、葬儀のときのような静かな読み方ではない。読経するにしても真言を繰るにしても、行をするときは、のども張り裂けんばかりに大声で怒鳴るのである。自分の全身全霊を不動明王にぶっつけるようにして叫ぶのである。それが二時間から三時間も続く。

小学校二年のわたしにとっては、並たいていのことではなかった。

座禅を組んだ足はしびれて感覚がなくなる。印契を結んだ手は痛くてちぎれそうになる。のどが疲れて真言を繰る口もとがついおろそかになる。あれやこれやで、長時間行を続けていると、態度に乱れが出る。そんなときには、父の手が容赦なくわたしの身体へ飛んだ。頭から水をぶっかけられたこともたびたびあった。護摩木がわたしのほうへ飛んできたこともあった。そんなときの父の顔は、わたしには不動明王の忿怒相《ふんぬそう》そのものに見えた。

しかし、それが父のわたしへの愛であったと思う。父はそのような形で行の厳しさ、大切さをわたしの身体に叩き込んでくれたのだと。

このような行が三年、四年と続いた。

小学生といえば遊びたい盛りである。ああ、いまごろ友達は楽しく遊んでいるだろうなあと思うと、たまらなくなることもあった。早く時間が過ぎて行が終わればいいと、そればかりを念じることもあった。

小学校四年のときには一人で護摩行ができるようになった。といっても、父が子供用に作ってくれた時間の短いものであったが……。

こんな状態であったから、夜はすぐ寝た。遊ぶ暇はおろか、勉強をする時間さえなかった。すべてが行中心であった。

行をするために学校を休んだこともあった。修験の道を学ぶために、父に連れられて山にこもったのであった。小さい頃には、父はわたしを背負ってけわしい崖をよじ登った。山上の洞窟で父と一緒に座禅を組んだ。崖っぷちで護摩を焚く父と並んで真言を唱えたこともある。寺の近くの波見《はみ》というところにある滝へ行き、父と一緒に滝に打たれながら行をしたこともあった。

行をしながら父はわたしに、祈りは真剣な気持ちでやらなくてはならない、純粋な気持ちになって懸命に祈れば、神仏は必ず守ってくださる。いいかげんな気持ちで拝んだり、下等霊を拝むと、必ず報いがくるし、その霊に取り憑かれるものだと、厳しくいい聞かせた。その言葉をわたしはいまでも忘れない。

このように、すべてが実践であった。ほかの寺では考えられない荒行であった。

そのために、学校の成績は芳しいとはいえず、常に中の下といったところであった。

こうしてわたしは、高校生になるまでに、父から真言密教と修験道のあらゆる修法を身体で覚えさせられたのであった。

この後わたしは、県立志布志高校から高野山大学へ進むのだが、この間に語るべきことはとくにない。

3　波乱万丈のわたしの青春

相撲と舞踊に明け暮れた学生時代

いまこうして考えてみると、高野山大学時代のわたしには、相撲と日本舞踊以外何もなかったような気がしてならない。

わたしにとっては、大学時代と社会へ出てほんの数年だけが、わたしの人生で「行」のない時代、言葉を変えれば「行から解放された時代」であった。

大学へ入ってすぐ相撲部に入った。相撲は子供の頃から好きであったし、また小さい頃から不動明王を本尊として修行をしてきたため、その不動明王の右手に剣、左手に綱をもち、背に火炎を背負うたくましい裸像から受ける、裸でぶつかる精神、強固な意志、強靭な肉体に強いあこがれを抱いていたからであった。

それと同時に、いま申しあげた解放感、つまり「やっと行が終わったのだ」という気持ちも多分に手伝っていた。

わたしは高校時代、パイロットになりたいと思っていた。小さい頃からの行に疲れ果て、一度でいいから別の世界へ行ってみたいと思ったからだった。思春期の人間なら誰でも思うことであろう。

しかし、わたしの兄三人は、長兄が陸軍経理学校、次兄が早稲田の一文、すぐ上の兄が日大芸術学部とそれぞれ別のところへ進学しており、寺を継ぐ者がいなかった。一方、行を継ぐ者がいないと不幸が訪れ家は滅ぶというい伝えはその頃にもわが家に語り継がれ、わたしの家族は、それを恐れていた。結局、末弟のわたしが寺を継ぐということにならざるをえないのであった。

それでわたしは覚悟を固めて高野山大学の密教学科に進学したのであった。

そういった意味でも、初めて親元を離れて、たとえ一時的にもせよ、長く苦しかった行からやっと解放されたのだ、という喜びに駆られたのであった。

高野山大学の学生数は、当時全部で三百人くらいだったと思う。相撲部は十人ほどであった。わたしは二年生のとき相撲部のレギュラー五人の中の一人になった。

そして、わたしが三年生になった昭和三十二年十一月、大阪府立体育館で開かれた「全国学生相撲選手権大会」に出場、幸いにも勝ち進み、優秀三十二選手になることができ、決勝大会に臨んだのであった。このときの大会では、高野山大学からわたしと先輩の大島輝男さんとの二人が決勝大会に進出している。これは、高野山大学の相撲部始まって以来のことであった。

当時、高野山大学の相撲部には監督もコーチもいなかった。部員だけの自主練習であった。わたしが優秀三十二選手に選ばれることができたのは、部員のみながわたしを鍛えてくれたこと（わたしはわがままな男であったが、なぜか先輩にはかわいがられた）、および部員の健康管理はじめ一切の部員の世話をしてくれた先輩の仲村弘正、同級生の曽根義泉、後輩の木原正信各氏のマネージメントがあったおかげである。ここにそのことを記して、わたしの感謝の気持ちに変えたいと思う。

恥ずかしい話だが、これがわたしの学生時代で自慢できる唯一の出来事であった。

学生時代の思い出として、もう一つ忘れがたいのは、日本舞踊と宗教舞踊に取り組んだことである。

相撲と舞踊というと奇妙な取り合わせに思われようが、わたしが日本舞踊を習ったのには、それなりのわけがあった。

わたしの郷里、東串良は祭りの盛んな土地であった。春には棒踊りという祭りがある。これは牛若丸と弁慶のように、手に鎌《かま》や長刀《なぎなた》をもって踊りながら、一軒一軒人の家を回って豊年豊作の祈願をしておはらいをし、それでお布施をもらうというにぎやかな祭りである。また、夏には夏、秋には秋で、それぞれ祭りがあって素人舞踊をする。舞台となるのはほとんどが神社仏閣であった。

子供の頃、わたしは、この祭りで踊ることがたまらなく好きだった。早く祭りがこないかとそればかりを楽しみにしていた。思えば、行の連続でろくに遊ぶ暇もなかった子供のわたしにとって、それが唯一の楽しみであり、慰めであり、娯楽であった。

だから、わたしは大学入学と同時に大学の紫雲寮に入り、寮の近くでお茶屋を経営している舞踊家の武内茂代先生に宗教舞踊の手ほどきを受けた。そして後に高野山本王院の細川佐智子先生につき、日本舞踊と宗教舞踊を習うようになったのである。

細川先生は本当によくわたしの面倒をみてくださった。わたしが学生だというので、月謝も取らず、踊りの衣装代までお世話していただいたものである。

わたしは全国宗教舞踊大会やその他の舞踊大会で、総長賞やその他いろいろな賞を何回となくもらっている。これも自慢といえば自慢になろうか。

こんな具合であったから、学生でありながら肝心の勉学のほうはさっぱりであった。高野山大学といっても、中身は他の大学と変わりはない。朝夕に寮で勤行《ごんぎょう》をするだけで、あとは他の大学の学生と同じであった。

相撲と舞踊の疲れで、わたしは、授業中寝てばかりいた。教授の質問に手を上げて答えたことは一度もなかった。

いや、一度だけある。

チベット語上級の授業中のことである。講義内容がむずかしくてわたしにはチンプンカンプンであった。退屈のあまり、ポケットに手を入れたりゴソゴソしていたら、偶然、ポケットに入っていたパチンコの玉に手がふれた。わたしはパチンコ玉を相手に遊びだした。顔を映したり、周りの景色を映したり……すべてがゆがんで見えてけっこう面白い。無心になって遊んでいるうちに、授業中であることを忘れてしまった。それでパチンコ玉をもった手をうんと上に伸ばして、それに自分の顔を映してつくづく眺めてみたのである。折悪くちょうどそのとき教授が何か質問をしたらしい。「鮫島君」という教授の声に、わたしはハッとして我に帰った。次の瞬間わたしは真っ赤になった。

シドロモドロのわたしに学友は大笑いをし、教授はニガ虫をかみつぶしたような顔になっていた。

万事がこういうふうであった。わたしは行では人より数倍も早く一人前になったが、学問では、小学校から大学までずっと劣等生であったように思う。

失敗といえば、こんなこともあった。

高野山金剛峯寺《こんごうぶじ》では、六月十五日の弘法大師の誕生日に、毎年青葉祭りが行われる。書道展や華道展が開かれたり、相撲大会が行われたり、お茶席が設けられたりと、ふだん厳粛な高野山にしては、華やかな祭りである。

そのお茶席へ相撲部員たちと行ったときのことだったと思う。

わたしは、いちばん上座に座らされた。やがて抹茶が出された。わたしは茶碗をもつと一気に全部の抹茶を口に入れた。そのときである。わたしの横に座っていた学友が慌てたように、「バカ。一人で全部飲むんじゃない。少しずつ回し飲みするんだ」とささやいた。仰天したわたしは、思わず口の中の抹茶を全部茶碗の中に吐き出してしまった。やむなくわたしはその茶碗を横の学友に回した。その学友はさすがに飲む格好だけをして、一滴も口の中へは入れなかったが、下座のほうの部員たちは、わたしが口の中から吐き出したお茶とはツユ知らず、作法通りきれいに飲んでしまったのであった。

おかしいやら、気の毒やらで、わたしは笑いを抑えるのに苦労したものだ。

こんなわたしであったが、三十四年の卒業時には大学から「行道賞」をもらっている。これは、お坊さんとしての修行をまじめにやったという賞で、このときには、わたしと佐々木弘伝という非常にまじめな人の二人がもらったように思う。

おそらく、わたしは勉強はダメであったが、坊主としての勤めはよくやったということでいただいたのであろう。

申し遅れたが、わたしは三年の半ば頃から卒業するまで、現在、宮崎市にある長久寺の住職であり以前、高野山大学で仏教芸術の先生であった小林本弘師僧から正純密教の理論と実践を手とり足とり教えていただいた。後年、わたしがふたたび郷里の鹿児島へ帰った後も、小林師に密教についてさまざまな面から、いろいろと指導を受けた。荒武者であったわたしが一人前の僧になることができたのは、わたしの父母とともに、この小林本弘師僧のおかげに負うところがきわめて大きい。

わたしが正式に得度をしたのは、昭和三十一年六月、大学二年のときであった。学園の生徒を中心とした集団得度であった。わたしは四、五歳の頃、父の手ですでに得度していたのだが、正式には届けていなかった。

その後、この節の最初に書いたように、名前を「池口恵観」と改め、翌三十三年、受戒と伝法灌頂を受けたのである。

わたしの学生生活は、このように大した波乱もなく、ごく安穏のうちに終始した。

しかし、わたしが実社会へ出て間もなく、わたしの生涯を一変させる大事件が勃発《ぼっぱつ》するのである。

「三無事件」に連座した

昭和三十七年一月十一日未明のことであった。

ぐっすり寝入っていたわたしは、突然の騒音とフラッシュの閃光に叩き起こされた。

「池口恵観、破防法違反容疑で逮捕する!」

寝ぼけ眼《まなこ》をこするわたしの耳に、こういう刑事の声がリンとこだました。

「来たか‼」

わたしが気がついたときには、部屋の中といわず外といわず、警察官や報道陣でいっぱいであった。カメラマンのフラッシュが次々と私の目を焼いた。

こうしてわたしは、寒い冬の早朝、着のみ着のままで、間借りしていた東京・本郷の一室から、桜田門の警視庁へ連行されたのだった。

当時、日本中を騒然とさせたクーデター計画「三無事件《さんむじけん》」の容疑がわたしの身に及んだ一瞬であった。

いったい「三無事件」とは何であったのか。なぜわたしは「三無事件」に連座するようになったのか。これは、みなさんにその後のわたしを知っていただくうえで、避けて通ることのできない事件である。これまでは誰にも語ったことはなかったが、恥を承知で、できるかぎり正直にお話ししよう。

「三無事件」といっても、いまから六十年も前のことだ。しかも、未遂に終わったクーデターである。若い人はご存じないだろうし、年配の方でもお忘れになった方が多いのではないだろうか。

昭和三十五年――。この年の前半、日本全国を安保闘争の嵐が吹き荒れた。左右両陣営が真っ向から激突し、日本中が大揺れに揺れた。まさに革命前夜を思わせる様相であった。

六月十九日午前零時、日米新安保条約は自然承認という形で成立し、その直後、新安保条約を成立させた岸信介首相は退陣し、池田内閣が発足したのであった。

しかし、この闘争の余韻はなお残った。

翌三十六年秋、このままの状態を放置しておけば、日本に共産主義革命が起きると憂慮した旧陸軍士官学校出身者などが中心になり、一つの計画を練り始めた。それは、時の池田内閣では共産主義革命は阻止できないと考え、クーデターによって権力を奪取して、「共産主義革命を阻止して、失業者、重税、戦争のない三無主義による平和国家をつくる」というものであった。

しかし、後にマスコミから「ライフル一丁のクーデター計画」と揶揄《やゆ》されたように、この計画にはずさんな点が多く、結局、治安当局に知れるところとなり、三十六年十二月に主要関係者十三人が逮捕された。その後も捜索は続き、最終的には逮捕者はわたしを含めて二十二人となった。そのうち十二人が起訴されて、後の裁判で、八人が破防法違反で有罪（残る四人は無罪）との判決が東京地裁から申し渡されたのであった（東京高裁、最高裁とも同判決）。

そのスローガンから、この事件は「三無事件」と呼ばれるようになったものだ。

しかし、それにしても、なぜわたしはこの事件に連座してしまったのか。

それを知っていただくには、時計の針をわたしの高野山大学卒業時までいったん戻さなければならない。

わたしは、三十四年四月、大学を卒業すると同時に東京へ出た。それまで、高野山という山奥での生活が続いたため、一度都会へ出てみたいという気持ちが強かったためだ。そういう若さがあった。

それで、東京の秋葉原で広告会社を経営していた長兄を頼って上京し、その会社に就職したのである。これがわたしの半生でただ一度のサラリーマン生活であった。しかし、その生活は長くは続かなかった。利益の追求だけを考える「会社」というものへ勤めるのが、わたしには苦痛とさえ思われたのだ。結局、二か月ほどで兄の会社をやめて高野山へ戻った。

その頃からわたしの身辺はにわかに慌ただしくなり始めた。

まず、わたしの父が新しく寺を建立した。続いて、高野山に戻ったわたしに、開教師としてブラジルへ行かないかという話がもちあがった。当時、社会人として、自活の道のなかったわたしにとって、それは願ってもないことであった。わたしはブラジル行きの準備のため、高野山で二か月の再加行（加行は子供の頃にすませていた）をやり、その後、奥の院で行を始めた。

こうしてわたしが、奥の院で行をしていた頃のことであった。大学時代わたしをかわいがってくれたSという先輩が福岡にいて、そのSさんのところへ大学の先輩たちが集まり、真言密教布教の勉強会をしているという話を聞いた。みなと一緒に勉強すれば、ブラジルへ行ったとき役に立つことが多いにちがいない——こう思ったわたしは、高野山を出て、その足で福岡へ向かった。

そこで、わたしは、はからずも三無事件に連座することになるのである。わたしの予想してもいないことであった。いまとなってみれば、これも仏のはからいであったのだろうと思う。あの事件に関係していなければ、はたしていまのわたしがあったかどうか……。

Sさんのところで勉強会を重ねるうち、わたしはSさんの兄であるEさんと知り合った。このEさんというのが、三無事件の首謀者とされたK氏（故人）が経営する会社の顧問をしている人なのであった。

やがてEさんからわたしは「日本には近々共産革命が起きる。これは何としても阻止しなければならん。君も一肌脱がんか」と説得されるようになった。

共産主義革命が起きれば、おそらく宗教は壊滅状態になるだろう。信仰の自由も民主主義も圧殺されてしまう——若くて単純であったわたしは、Eさんの話を聞くうち、次第にこう思うようになった。

何に対してもそうなのだが、わたしには、こうと思い込むとそのことに熱中してしまう性格がある。そのときもブラジル布教はそっちのけで、わたしはEさんを頼りふたたび上京して、東京・本郷にあるEさん宅の一室で間借り生活を始めた。

三十六年秋のことであった。

東京でのわたしの役割りは国会内での情報収集というものであった。ある代議士の私設秘書としてわたしは国会内に出入りし、クーデターに備えて、扉がどこにあり、衛視がどこに何人いるかといったようなことを調べてEさんに報告した。

しかし、わたしは、次第にこのクーデター計画に疑問を抱き始めた。漏れ聞く上のほうの人の考えがきわめてずさんなものなのであった。肝心の武器さえどうにもならないような様子であった。

しかも、場合によっては、池田勇人首相を暗殺するという。池田首相といえば、難病治癒の祈願を込めて、弘法大師の遺跡である四国八十八か所霊場を巡礼姿で歩いたこともある信仰心の厚い人だ。その人を殺させるわけにはいかない。もし、実際にクーデターが起こったら、池田首相だけは身体を張っても守ろうと思った。

そうこうするうち、同年の十二月十二日、ことが露見して、第一次の一斉検挙が行われたのである。

正直いってわたしは、わたしのところまでは捜査の手は伸びないであろうと思っていた。だから一月十一日未明、突然、警察官に踏み込まれたときには、ただ意外さに驚かされたのであった。

わたしは警視庁の拘置所に二十日間拘留されて、厳しい取り調べを受けた。しかし、わたしは激しく抵抗した。刑事の質問に答えようとしなかった。「知らない」「わからない」で押し通した。

結局、わたしは不起訴となり、二十日間の拘留の後、釈放の身となったのであった。

その二十日間の拘留中、わたしの心は、憑き物が落ちたように平静であった。いや、拘置所へ入れられ、頭を冷やされて、初めて冷静になったというのが本当のところだ。

なぜこんなことをやったのだ。これは自分が行を忘れたためではないのか、自分には先祖代々伝えられた法があるではないか、もう二度とこのような一般人のするようなことはすまい、これからは苦しくても辛くても、徹底して行に打ち込もう——わたしは拘置所の中でそのことばかりを考えていた。

わたしは警視庁を出て、しばらく呆然となった。新聞にはわたしの名前がハッキリ出てしまっている。所在を失ったわたしはどこへ行ったらいいのか。わたしには行くあてがまったくなかったのである。

ふたたび修験の道へ

容疑が晴れ、青天白日の身となったわたしは、東京・青戸の長兄の家にあいさつに行き、いったんそこに身を寄せた。

しかし、拘置所の中で思いつめた行への思いは断ちがたく、一日一日とつのるもどかしさに、何としてでも行に生きる機会をうかがった。普通の社会人として生涯を送るつもりは、わたしの心の中にはまったくなかった。

三十七年の晩春であった。

「やはり郷里の鹿児島へ帰ろう。鹿児島で行を一からやり直そう。それしかわたしにはない」――わたしはそう決意した。そのように決意すると、わたしはこれまでの宿願にやっと決心がついた。「ダメでもともとではないか」こう思うと迷いがフッ切れた。

こうしてわたしは、高校を卒業して以来七年ぶりに郷里の土を踏んだのであった。

わたしは姉の世話で、鹿児島に三畳間一間を借りた。そのときからわたしの新しい修験道の実践が始まった。

わたしは大学時代、宗教舞踊の賞としていただいた弘法大師の厨子《ずし》をもっていた。高さ二〇センチほどの小さなものだった。リンゴ箱に白い半紙を張り、その上にその厨子を乗せ三畳間の片隅に置いた。そして、毎日、その厨子の前で、午前二時から朝の八時まで行を行った。線香とロウソクをつけ、お茶とお水をお供えするだけであった。法具は何もなかった。手に入れる金もなかった。ただ子供の頃、父から教わった修法通り行をした。

行が終わるとわたしは毎日、托鉢に出た。

托鉢といえば聞こえはいいが、生活のため乞食をしているのと変わりはなかった。いや、まさに乞食そのものであった。犬猫同然に追われることもあった。厄病神でも来たかのように追い出されたこともあった。ホウキで追われたこともある。十円玉を投げつけられ「拾ってもってけ!」といわれたこともあった。悔しかった。

しかし、わたしは必死で耐えた。正しく真剣に拝んでいれば必ず仏はわたしを助けてくださる。よしんば、食べられなくなって餓死するのであればそれでもよい。わたしには行しかない、行を続けるしかない、そう思ってわたしは、無念さをかみしめた。

托鉢のおかげで、それでも何とか生活だけは維持できた。もっとも生活とはいっても、それこそ何とか生き延びたいという、文字通り、赤貧を洗うようなドン底の生活であった。そのあまりの貧しさに、思わず心の中に涙が流れた。流れる涙で心がきれいに洗われていくことを感じたのも、この頃であった。

世間を騒がせ、親を泣かせ、修行を忘れた者の報いを、いまわたしは受けているのだ——わたしは心の底からそう思ったのであった。

そのような生活がどれくらい続いたであろうか。長く遠い道のりであったような気もする。

しかし、そんなわたしの周りにも、少しずつ少しずつ信者さんがついてくれるようになった。父の代に信者さんであった人たちが、わたしが鹿児島へ帰ったことを知って、わたしのもとへやってきてくださるようになったのであった。

そんな信者さんたちがわたしの窮状を見かねたのであろうか、行を忘れ遊びほうけた報いに難渋《なんじゅう》するわたしを母にとりなしてくれて、わたしはふたたび西大寺で本行ができるようになったのである。

昭和三十七年も、おしつまってからのことであった。

4　わたしの人生には「行」しかない

無一文で寺を開く

西大寺で行ができるようになると、わたしは、鹿児島に間借りしていた部屋と、母のいる東串良の西大寺とを行ったり来たりして、行を続けるようになった。月のうち一日から五日までは鹿児島、六日から十日までを西大寺、十一日から十五日までをふたたび鹿児島といったふうに、五日間交代の生活であった。

鹿児島の住まいは、前節で申しあげたように三畳一間だけのものであり、十分な行ができなかったし、何よりも生活が逼迫《ひっぱく》していたため、こうして母の手伝いをするようになったのである。

西大寺でもわたしは、午前二時から行に入った。わたしが目を覚ますと、母はすでに起きており、行に入っていた。

身体を清め身支度をととのえ、護摩壇に上る。そして必要な修法を行い、ひたすら読経に打ち込んだ。

そして午前六時になると、護摩木を焚き護摩行をやった。わたしにとっては、高校以来久方ぶりで行う護摩行であった。

それがすむと、母と二人で信者さんの加持祈禱を行った。それが夕方まで続いた。この加持祈禱でいただくお布施の一部がわたしの生活費のすべてであった。

加持祈禱が終わると、わたしは真言密教の教理、教論の勉学に励んだ。それまで実践ばかりであったので、学問のほうが遅れていたのである。長久寺の小林本弘師僧にも詳しく教えていただいた。

床に就くのは毎晩八時、九時であった。そして翌朝の一時には目を覚まし、行の準備をした。したがって睡眠時間は、毎晩四、五時間ほどであった。行と加持祈禱と学問で、わたしにとっては、くたくたの毎日であった。

しかし、その疲れは、わたしにとって辛くはなかった。むしろ快い疲労であった。

やっと自分の生活が戻った。とうとう本来の自分の姿に帰ることができた。自分の人生には「行」しかないのだ。いま、自分はそれをしっかりと手に入れることができたのだ

――と思うだけで、行の辛さも、加持祈禱の疲れも吹っ飛んでしまうのであった。

いま考えてみると、わたしの人生が順調に動き出したのは、このときからではないかと思う。一章で申しあげたように、宇宙のリズムと自分のリズムがぴったり合致したかのごとく、それからというものは、わたしがこうしたいと願うと、不思議にどこかから救いの手が現れて、わたしの願いは五年以内に実現するようになったのである。

わたしは、このように西大寺でひたすら行に打ち込んだ。行の辛さはさほど苦しいとは思わなかった。どんなに苦しくても、わたしのため、信者さんのためなのだという思いがわたしを支えた。

もうあの托鉢時代のような辛さは味わいたくない――そういう思いで渾身の力を込めてわたしは行に打ち込んだ。

それだからこそ、前に申しあげたような「法力」「霊力」を身につけることができたのだと思うのである。

ところで、一章でふれた八千枚護摩行をわたしが最初にやったのは、この西大寺でのことである。

第一回が三十八年十二月のことであった。詳しい次第は次章で述べるが、このときは二十一日間の木食行《もくじきぎょう》であった。木食とは五穀（稲、大麦、小麦、小豆、大豆）と塩分を一切断つ行で「十穀断ち」ともいい、その間、口にするのは、生の野菜と果物だけである。これを二週間やり、最後の一週間は断食をして水だけにする。最初のときわたしは、最後の三日間は水も断った。

こうして、二十一日間、毎日二座（二回）の護摩を焚いた（普通は一日三座行う）。朝の部（後夜という）が午前三時に始まり午前九時か十時頃までかかる。昼の部（初夜という）が午後二時に始まり、夜八時か九時頃まで続く。この間に不動真言を一座で五千回繰る。だから一日二座で一万回である。

これが二十一日間ぶっ通しに続くのである。寝たり休んだりする暇はほとんどない。こういう状態で行を続け、最後の日には八千枚の護摩木を焚く。

三週間というもの寝ず食わずという状態で行をする。しかも、最後の三日間は水さえも飲んでいない。それでゴウゴウと火を燃やすのである。わたしのところの護摩木は、普通のものより二回りも三回りも大きい。本堂の天井まで届かんばかりに炎が上がるのだ。その前に座った不眠不休のわたしにとっては焦熱地獄である。意識はもうろうとして、全身にとめどもなくけいれんが走る。護摩木を取り上げ火にくべるのがようやっとである。精神力で続けるほかないのであった。

こうして、二十一日間で護摩火とともに不動真言二十万遍を繰ったのである。

わたしは、この八千枚護摩行をそのときから毎月一回ずつやるようになった。今日までに八十三回やっている。平均すれば二か月に一回ということになろうか。

この八千枚護摩行をやり出して四、五回目のことだったと思う。わたしは、最後の日の八千枚護摩のところで、苦しさに耐えかねてついに意識を失った。わたしと一緒に行をしていた弟子や信者さんが慌ててわたしに駆け寄り、助け起こそうとした。その瞬間であった。それまで一心に不動真言を唱えていた母がつかつかとわたしのところへやってきて、わたしの耳もとでこう怒鳴った。

「苦しかったら、ここで死ね！　行場が行者の死に場所だ！」

この一言でわたしは喝を入れられた。何とか気を取り直したわたしは、信者さんたちがとめるのを振り切って、どうにか最後までそのときの八千枚護摩行をやり遂げることができたのであった。

「行者は行場で死ね！」というあのときの母の一喝は、いまだにわたしの脳裏にしっかりと焼きついている。

このように激しい行を重ねることで、わたしは自分の力を磨いていったのであった。

年がかわった三十九年のある日、わたしの信者さんの一人が、鹿児島市の紫原というところに県の住宅公社の分譲地が売りに出されている、県営で格安だから、自分の寺を造るのにちょうどよいではないか、申し込んでみたらどうかと教えてくれた。

かねてから、母の世話になってばかりいるのは心苦しい、何とか自分の寺をもって、そこで行をしたいと思っていたわたしは、その話を聞いて、さっそく申し込んだ。

その結果、抽選で、運よくその土地が当たったのであった。

土地の面積が七十坪。値段は坪当たり五千三百円であった。しかし、当たったがわたしには金がなかった。最後の頼みと、わたしは母に借りにいった。すると、母は、

「これは仏さまのお金だ。仏さまがおまえがこれまで一生懸命行をしたから出してやれといっている」

といって、頭金を出してくれた。残金は土地を担保に銀行から借り入れ、その土地に、とりあえず、家族が住めるだけの２ＤＫの小さな家を建てた。長男が生まれた直後のことであった。

そして二年後の四十一年、小さな護摩堂を造ると同時に、住居のほうも増築し、四十二

年七月に「宗教法人最福寺」を設立したのである。この頃にはわたしの信者さんも相当増えており、費用は、幸いその方たちの寄付でまかなうことができた。お堂が完成するまでの間、行は相変わらず西大寺のほうで続けていた。

その後はすべて順調であり、四十四年二月には高野山真言宗北米・南米総監部の伝導部長に任ぜられ、四十六年十二月には、またまた抽選で土地が当たり、そこに学校法人最福学園という幼稚園を設立、さらに一章の冒頭で述べたように、四十八年には、平川の約八万平方メートルの地に、烏帽子山最福寺とそれに隣接する錦江湾公園墓地を造ることができたのである。

要した費用は、信者の方の寄進と企業からの借り入れによるものであった。まことにありがたい話であり、感謝にたえない気持ちである。

海外布教に全力を尽くす

わたしが高野山真言宗の北米・南米総監部の伝導部長に任ぜられたのは、前に申しあげたように昭和四十四年二月のことである。

これにも不思議な機縁があった。

わたしは伝導部長に任ぜられる三年前の四十一年、紫原の最福寺を建立するにあたって、一度海外布教に出てみようと思いたった。

わたしは二十代の頃、開教師としてブラジルへ行くという話があって以来、海外布教にあこがれていた。それに自分の行者としての力を海外で試したくもあった。

そこでまず恩師を通して、ロサンゼルスにある高野山別院の北米・南米総監部総監の高橋成通《せいつう》大僧正に連絡してもらった。

しかし、返事が遅く、アメリカと連絡がとれなかった。

元来が性急な性格であるわたしは、返事を待ちきれずに、大学時代の同級生で高野山安養院住職の清野智海師に、アメリカへ渡って真言密教の伝導にあたりたいのだがと相談をした。すると清野師は、すぐに北米のポートランドで布教にあたっている遍照《へんしょう》寺《じ》大融《だいゆう》という上綱《じょうごう》様（僧の官名）をわたしに紹介してくれた。遍照寺師もよくわたしの相談にのってくれた。

こうしてわたしは、ポートランドを拠点として米国の北西部を伝導して回ることになったのである。

わたしは、前に書いたように、それまで母の西大寺でわたしなりに行をやり、自分の力にかなりの自信がもてるようになっていた。しかし、そうはいっても、日本の片隅の小さな寺での体験である。このままでは井の中の蛙になる恐れがあった。

しかも、いよいよ自分の寺をもち、自分の行をさらにきわめ、より多くの人を救いたいと思っていたときである。

そこで、前に述べたように、はたして、自分の力はどれくらいのものなのか、一度外へ出て知ってみたいと思ったのであった。

自分の力は海外でも通用するものだろうか、一度も行ったことのない地で、みなさんに信用していただけるのであろうか——それを一度現地へ行って試してみたかったのである。元来、わたしはガムシャラな男である。気弱で人見知りをするくせに、こうと思い込むとムチャクチャに突っ走る癖がある。

アメリカという大陸に渡って、たとえ短期間でも、現地の人と接して見聞を広げれば、自分の将来にとって大きなプラスになるではないか——そう考えて、わたしは単身アメリカへ渡ったのであった。

いってみれば武者修行のようなものである。自分で勝手に行くのだから、費用はすべて自分もちであった。

アメリカへ渡ったわたしは、ポートランドの遍照寺大融師のお世話を受けながら、米国の北西部を回った。伝導布教する相手は、ほとんどが日本人の一世、二世の方である。そのために日本語で十分に間に合った。こうして、現地の方々がどのような信仰をもってられるのか、また他教、他宗派の方々はどのような布教活動をされているのかといった米国の宗教事情視察を行い、それと同時に、真言密教とはどのようなものかをみなさんにお話し申しあげ、真言宗の普及に努めたのであった。

ポートランドからシアトル一帯を遍照寺師と二か月ほど伝導して歩いたわたしは、お世話になった遍照寺師とサンフランシスコで別れ、その足でロサンゼルスへ向かった。ロサンゼルスには高野山真言宗の米国別院があり、ここには、大学の相撲部の後輩の庄野光性《こうしょう》師や堀坂性宏師などが開教師として活躍していた。そこで一言あいさつをして帰国しようと思って立ち寄ったのであった。

しかし、その別院で、わたしは、みなから歓待を受け、訪れた翌朝には高橋総監にお目にかかり、結局、数日間別院に滞在したのである。そのとき高橋総監から、思ってもみない申し出を受けたのであった。

アメリカにとどまり、開教師として真言密教の布教に努めてほしいというのであった。

高橋大僧正は、長年ロサンゼルスに滞留され、粉骨細身真言宗の伝導布教に努めてこられた方で、五十六年四月から五十七年三月まで第四百八十二世の高野山法印職を務めた高僧である。

その大僧正からの要請である。若輩のわたしにとっては望外の喜びであった。しかし、わたしには鹿児島に家族がいた。しかも、いよいよ自分の寺をもち独立しようという、自分にとっては、人生のターニング・ポイントともいうべき大切な時期であった。

まことに心残りではあったが、わたしは高橋総監にその旨をお話しし、たまにでよかったらお手伝いにまいりましょうという約束をして帰国したのであった。

それ以来、わたしはアメリカへ渡り、アメリカの永住権も得て、毎年短期間ではあるが、現地で布教のお手伝いをするようになったのである。

最初は、自分の見聞を広めたい、自分の力を試したいという気持ちで渡米したものが、高橋総監とお目にかかったことで花が咲き、現地の方々のお役に立てるようになった――これも仏の導きであろうとわたしは思うのである。

わたしは米国でも加持祈禱を行い、数多くの方を助けることができた。

わたしが渡米して間もなくのことであった。ロサンゼルスの別院に、同地にあるＵＣＬ

Ａ（カリフォルニア大学ロサンゼルス校）という有名な大学の学生が、両親に伴われてやってきた。優秀な学生なのだが、勉強のしすぎでノイローゼになってしまった。それで大学をやめたいという。大学の教師、教会の牧師、あるいは神経科の医者へ連れていったのだが、本人が優等生であるだけに、どう説得しても、とうとう反論を述べてどうにもならない。本人は強度のノイローゼのために夜は不眠が続き、このままでは将来が危ぶまれるので何とかしてもらえないだろうかというのであった。

見れば相当な重症である。これが鹿児島であれば、時間をかけてゆっくり治してあげられるのだが、アメリカではそうもゆかない。そこでわたしは、彼の前で二時間にわたる護摩行を行い、その後、自分が倒れるくらいの念を入れて加持を行った。

後で両親から聞いたところによると、それまでは不眠症が続いていたその学生が、帰りの車の中でぐっすり眠ってしまい、家へ着いてからも眠り続け、翌朝にはケロッとして、ふたたび通学を始めたそうである。

後にその学生は、ＵＣＬＡを無事卒業。その卒業証書を写真にとり、鹿児島のわたしのところへ送ってくれ、お礼にと両親ともども鹿児島まで来てくれた。いまもクリスマスや新年にはその親子からのカードが届く。

このようなことも、数多くあった。

話が横道にそれたようだ。

さて、四十四年二月になってのことである。

米国の高橋総監から鹿児島のわたしのもとへ連絡が入った。

実はブラジルのサンパウロに高野山真言宗の別院を造る計画があり、現地では林主監が一人で苦労している。ついては、伝導部長として現地へ出向いて、林主監と協力して、布教に努めてほしい、一人でも信者を増やしてほしいということであった。

こういう経緯があって、わたしは伝導部長に任ぜられたのであった。最初にわたしが不思議な機縁があったと申しあげた由縁である。

二月末、わたしはサンパウロへ向かった。そして現地で、高野山大学の教授で密教学の権威である恩師、宮坂宥勝博士（元名古屋大学名誉教授）と林主監の三人で真言密教の伝導布教に努めたのであった。

宮坂博士はサンパウロ大学の客員教授でもあった。それで、東洋哲学や密教の教理を教えたり講演をなされたりした。林主監は家々を回り、おはらいや供養をしたり法話をされた。一方、わたしは事相面（実践のことで修法や加持祈禱をさす）を担当して、全員が精力的に真言密教の布教にあたったのであった。それに法相宗の故山本棨信法尼の援助も大きかった。

その間、高橋総監も、米国からブラジルまで足を運び、そのたびに自分の仏具などをもってこられ、わたしたちを励ましてくださった。

そんな折のことである。

わたしたちの布教の中心はサンパウロであったが、ある日わたしはリオデジャネイロへ出向いた。リオデジャネイロに当地のトップクラスの人たちが集まって作っている「白人仏教会」という組織があって、その集会に出席してほしいと頼まれたからであった。

わたしは、当日、現地で会員の人たちを相手に講話をするよう要請された。

わたしは弱った。行なら自信があった。しかし、話となると別である。人前で話すとあがってしまって、シドロモドロになる自分である。とても多数の人を相手に講話などできる資格はない。本当は、護摩行を見ていただくのがいちばんいいのだが、あいにく、リオデジャネイロには、そうした施設はなく、護摩を焚くことは不可能であった。

といって、会員のみなさんが待っているのに何もしないというわけにはいかない。

「えいっ」とわたしは覚悟を決めて壇上に上がり、座禅を組んだ。十分、二十分……わたしは全霊を込めて内護摩を燃やした。

護摩には外護摩《げごま》と内護摩《ないごま》がある。

外護摩というのは、護摩木を焚いて行う護摩行のことで、内護摩というのは、行者が心に本尊（わたしの場合は不動明王）を念じ、自分の内部でゴウゴウと火を燃やし、煩悩を断つことである。そして、護摩行では、外護摩、内護摩ともに重要である。

わたしは壇上で不動禅を組み、不動三昧に入り（自分が不動明王になりきること）、ひたすら内護摩を焚いた。

三十分、四十分……こうして一時間も過ぎたろうか。わたしが瞑想からさめて立ち上がると、それまで水を打ったように静まりかえっていた外人たちの間から嵐のような拍手がわき起こったのである。行者にとっては冥利《みょうり》に尽きる、まことにありがたい拍手であった。

一章の母の心眼のところでふれた、鉄工所の経営者うんぬんのくだりは、この後わたしが帰国し、別院建立の計画がもっと具体的になってからのことである。

それからもわたしは、しばしばサンパウロへ出向き、現地で加持祈禱や布教活動を行い、たくさんの信者さんや弟子を作ることができた。

サンパウロ大学で東洋史を教えているリカルド・ゴンザルヴェス教授（四一）も、現地でわたしの行を見て、四十五年にわたしの弟子になった人だ。リカルドさんは十年以上も仏教を学んでおり日本語はペラペラという日本通だ。語学がまるでダメなわたしは、ブラジルへ行くたびにリカルドさんに通訳をお願いしている。

リカルドさんは熱心な方で、仏教の奥儀をきわめるために、一年間の休暇をとって、四十七年十月に来日した。宮坂宥勝博士に弟子入りし、博士の世話で高野山をはじめ京都の寺院などで研鑽を重ねたのである。そして帰国する直前の四十八年九月、かねてからわたしがリカルドさんに話をしていた修験道の荒行を自分の身体で体験したいと、鹿児島のわたしのもとを訪れたのであった。

鹿児島市と薩南半島をはさんで反対側の串木野市から一〇キロほど奥へ入ったところに冠岳（標高五一六メートル）がある。千数百年の昔から修験道の行場として尊ばれてきた由緒ある山である。わたしも子供の頃父に教えられてさまざまな行をしたところだ。成人してからもときどき訪れ、修験の行を磨いた山である。

この冠岳がリカルドさんの行場になった。

午前八時、行はまず、巨岩に囲まれた岩清水に肩まで身を沈めての水行《みずぎょう》から始まった。水は身を切るような冷たさだ。その中で一心に『般若心経』を唱えながら、印を結び印を切る。これが一時間ほど続く。終わると、息つぐ間もなく、仙人岩の断崖登りにかかる。垂直にそそり立つ絶壁を、木の根や鎖を伝いながらよじ登る命懸けの行である。こうして、断崖の中腹にある不動尊洞までたどりつく。

これがすむと今度は火行である。仙人岩に向かいあった護摩岩の頂上で、護摩木を焚き、経文を唱える。風にあおられて顔面に火が吹きつけてくる。その熱さに耐えながら行を続ける。この間約三十分。最後は、高さ八〇メートルの護摩岩の突端で座禅を組む「刀岳《とうがく》の禅」である。座禅を組む行者の前に抜き放った真剣の大刀が突き立てられる。前は大刀、後は絶壁という、絶体絶命の行である。転がり落ちたら絶対に助からない。

一通り終えるのに四時間ほどもかかったであろうか。無事に行を終えたリカルドさんは、さすがにホッとした表情であった。

前にも述べたが、修験道はこのように自分の身体を酷使して行を行う。その繰り返しで人並みはずれた「験力」を身につけていくのである。リカルドさんも「一回の行ですが、修験の魂が実感としてわかりました」といってサンパウロへ帰っていったのであった。

このときの模様は当時の新聞に写真入りで報道されている。

自分でいうのはおかしいかもしれないが、アメリカへ行ってもブラジルへ行っても、わたしの周りには人が自然に集まってくる。どこへ行っても、花が咲いたように集まってくださるのである。こうして人の輪が広がっていく。まるで仏さまがわたしを守ってくださっているようで、自分は幸福な男だとつくづく思うのである。

初めてフランスへ行った時のこと。

高橋総監から「欧州には真言密教布教の拠点がない。いいところがないか事情視察に赴いてほしい」との依頼を受けて出向いたのであった。

一行はわたしの弟子二人と信者さん一人の四人であった。

わたしは外地では法衣を着て歩く。それが外人には珍しいらしく、道を歩いていると、何だろうと思うのか、わざわざ寄ってきて話しかけてくる。フランスでもそうであった。そこで弟子を通訳に、話が始まるのである。最初はこういう形で布教をし仏教を少しずつ広めていくのだ。速効性はないかもしれないが、わたしの態度、物腰から、たとえわずかでも仏教の何たるかを、密教とはどのようなものであるかをわかっていただけたら、わたしの目的は半分達成できたのと同じだと思う。

パリのシャンゼリゼーを歩いているときであった。キャフェのテラスに腰かけていた四、五人の見るからに屈強な男がわたしの姿を見ると、つと立ち上がった。年齢はみな三十代のようであった。そのうちの一人がわたしのほうへ近づいてくると「ベトナム人か」とわたしに聞くのであった。「日本人で仏教の僧侶である」旨を相手に告げると、相手は「自分はアイルランド出身なのだが、そんなありがたい人ならぜひ自分と握手してほしい」といい、その後、テラスにいる自分の連れのほうをさして、あそこにいる全員にも握手をしてやってほしい、というのであった。

わたしは、同じキリスト教信者同士が宗派の違いから憎み合い、殺し合う凄惨なアイルランドの宗教事情を思いやり、大日如来の慈悲の力、不動明王の知恵の力で、少しでも彼らが平和になってくれるようにとの思いを精いっぱい込めて、そのアイルランドの人たちと固い握手をかわしたのであった。

その間、わずか二、三分間ではあったが、わたしは彼らのあの手のぬくもりを、いまでもはっきりと覚えている。

わたしはそれでいいと思うのである。たとえ最初の種は小さくとも、仏の力を信じて一生懸命やれば、いつか必ずその種が芽を出し、花を咲かせ、実をつけることができると信じるのである。

わたしが、全人類の平和のために、日本国内だけでなく、海外布教に邁進《まい》したいと思うのも、そのような仏の力を固く信じているからである。

これがわたしの恥多い半生である。わたしの実践、わたしの考えはおわかりいただけたろうと思う。

次章では、わたしのよりどころである真言密教とはどのようなものか、わたしが本尊とする不動明王とはどのような存在か、そして護摩行とはどう行うのかといったことをできるだけわかりやすくお話ししたい。

三章　これが真言密教の神髄だ

1　弘法大師と真言密教の系譜

「密教」を神秘体験でつかんだ弘法大師

わたしたち真言信徒は、弘法大師のことを、深い尊敬の念を込めて、「お大師さま」と呼ぶ。

弘法大師空海――などと改まっていうよりも、「お大師さま」といったほうが、はるかに大師を身近に感じられ、また親しみの念がわくからである。そして「南無遍照金剛《なむへんしょうこんごう》」、「南無大師遍照金剛《なむだいしへんしょうこんごう》」（全宇宙をあまねく照らす絶対智を身につけられた弘法大師に帰依します）と、熱烈な信仰心をもって唱え、毎日、真剣に祈るのである。

これまでに「大師」のおくり名（死後に贈られる尊称）を与えられた名僧、高僧はたくさんいるけれど、「お大師さま」といえば、まず弘法大師のことをさす。大師はそれほど長年にわたって、一般庶民の深い信仰を集め、愛され親しまれてきた人であった。

日本の長い歴史の中でも、これほど幅広い人々から尊敬の念を抱かれた人は、聖徳太子と弘法大師ぐらいしかいないのではないか、とわたしは思うのである。

今日でも、四国路や秩父路などの霊場で、「南無遍照金剛」「南無大師遍照金剛」を唱えながら、「同行二人」と書かれた笠をもち、杖を手にして、札所めぐりをする巡礼の姿をたくさん見ることができる。

「同行二人」というのは、「自分にはいつもお大師さまがついていてくださる。お大師さまが自分と一緒に歩いていてくださる」という深い信仰心を表したものだ。

これほどまでに多くの人々から慕われ信仰される弘法大師とは、どのような人だったのであろうか。

『密教辞典』（佐和隆研編、昭和五十年・法蔵館刊）の記述に添いながら、大師の足跡、プロフィルを追ってみよう。

「幼名、真魚《まお》。七七四年（宝亀五年六月十五日）〜八三五年（承和二年三月二十一日）。佐伯直田公《さえきのあたいたきみ》の子。母方の姓は阿刀《あと》氏。外舅《がいきゅう》（注・母方のオジ）に阿刀大足《おおたり》がいる。讃岐（香川県）多度郡弘田郷屏風浦に誕生（善通寺）。古資料では貴物《とおとものの》と呼んだという。幼少より大足に儒学を学び、十五歳（延暦七年）、大足に伴われて上京（長岡京）し、十八歳（同十年)、大学明経科に入学。儒教・道教と共に、仏教を学んだが、大学の教育に飽足《あき》らず、人生の真実の道を求めたが、偶々《たまたま》、一沙門《しゃもん》(注・出家者)から虚空蔵求聞持法《こくうぞうぐもんじほう》を授り、阿波太滝岳・土佐室戸崎・伊予石鎚山《いしづちやま》などで修行した。」

大師が生まれた多度郡《たどのこおり》屏風浦《びょうぶがうら》とは、現在の香川県善通寺市善通寺だといわれる。大師の父、佐伯直田公は地方豪族であった。

大師が後年、死の直前に弟子たちに残した遺言(『御遺告《ごゆいごう》』という)には、「五、六歳の頃、八葉の蓮華の上に座って諸仏と話をする夢を見た」とか「泥土《でいど》で仏像を作り、それを家の近くのお堂に祀って礼拝した」とかいったことが書かれてある。父母から「貴物《とおともの》」と呼ばれたということからしても、「神童」として、父母の寵愛《ちょうあい》を一身に受けたにちがいない。

恵まれた環境で幼少年期を過ごした大師は、幼少の頃から自分に儒学を教えてくれた母方のオジ、阿刀大足について都へ上り、当時、貴族階級の子弟しか入れなかった大学へ進学した。これはその頃としては異例のことであった。いまでいえば、山奥か離島の高校から東大へ入学したようなものであろうか。両親の絶大な期待を一身に背負っての上京であったにちがいない。

しかし、それにもかかわらず、大師はなぜか学業を中途で放棄してしまうのである。『御遺告』には、「大学で自分はいろいろな学問をしたが、その中心になる儒学は目前の利益になることすらまったくない。これなら本当の幸福（福田《ふくでん》）が生ずる仏教の道を歩んだほうがはるかによい」と思ったとある。

その頃の大学の目的は、官吏を養成することにあったという。そのために、教え方も型にはまったものであったらしい。大師は、おそらくそのような紋切り型の講義内容に絶望したのであろう。「官吏になって出世してもそれがいったい何になろうか。自分の進むべき道は別のところにある」と、大学に見切りをつけたにちがいない、とわたしは思う。

こうして大学をやめた大師は、優婆塞《うばそく》（在家の修行者）になり、仏道修行の実践の道を歩み始めた。

そして、修行中の二十四歳のとき、一章でふれた処女作『三教指帰《さんごうしいき》』全三巻を書きあげたのである。大師はこの書で、儒教・道教《どうきょう》・仏教の三教を比較して、仏教が最も秀れた教えであるという結論をくだしたのであった。

『三教指帰』は、三教比較論であると同時に、大師自身の決然とした「出家宣言の書」でもあったのだ。

ふたたび『密教辞典』による。

「後の伝記では、二十歳で石淵《いわぶち》の勤操《ごんぞう》（注・三論宗の僧）に従って剃髪《ていはつ》し、教海と称し、如空と改めた。二十二歳、東大寺戒壇で具足戒《ぐそくかい》（注・出家として守るべき規律）を受けて、空海と改名したとするが今日では疑問視される。八〇四年（延暦二十三年）三十一歳の入唐までの消息は全く不明であるが、恐らく南部都大寺で仏教を研鑽し、或は山野を跋渉《ばっしょう》して久修練行したらしく、また、大和久米寺東塔下で大日経を感得したと伝え、この経典を理解するため入唐を志したという。」

わたしは、この頃の一生懸命行に打ち込む大師の姿を想像するのがいちばん好きである。出世栄達の道を自らの手で断ち、ひたすら仏の道をきわめようと、乞食のような格好で、山岳や海浜で苦行する大師の姿を思い浮かべるたびに、若い頃のわたしは、どれほど励まされたことであろうか。

その頃の大師は、本当に乞食のような姿であったらしい。『三教指帰』には、その大師の姿が、仮名乞児《かめいこつじ》という私度僧《しどそう》（在家の仏教修行者）に託して、詳しく述べられている。

この修行中に、大師は自分の一生を決定づける強烈な体験をしたにちがいない。大師の弟子真済《しんぜい》が著した『空海僧都伝』は、こう書いている。

「名山絶巘《ぜつけん》（きりたったけわしい峰）の処、石壁孤岸の奥、超然として独り往《ゆ》き、淹《ひさ》しく留まりて苦練す。或は阿波の大瀧峯に上《のぼ》りて修念すれば、虚空蔵《こくうぞう》（菩薩）の大剣飛び来たりて、菩薩の霊応を標《しめ》す。或は、土佐室生崎に於て目を閉《と》じて観念すれば、明星、口に入りて、仏力の奇異を現す。」

まさに一章に述べた奇蹟が起こったのである。

わたしは、この一瞬に、大師は宇宙と一体になったのだと思う。虚空蔵菩薩の大剣が自分のほうへ飛んできて、明星が自分の口に入り込む——このような神秘を体験することで、大師は宇宙の霊気＝大霊と一体になったのだと思うのである。

ちょうどわたしが一章で述べたように、護摩行の後、大空いっぱいに広がる仏さまの姿を見て、歓喜の涙を流したのと同じように、大師もその瞬間には、法悦歓喜に身を震わせながら、宇宙の神秘にふれ、そうすることによって、宇宙の根源＝生命《いのち》の根本実相を見たにちがいないと思うのだ。

これが大師と密教精神の最初の〝出会い〟であった。つまり、大師は密教を教理・教論で知るよりも、まず、神秘体験を通して、自分の実感としてつかんだと思うのである。

これは大切なことである。

それというのは、理論はどんなに秀れたものであっても、いつかは他の理論に打ち負かされる。あるいは、論が論を呼び、いつの間にか論理の袋小路へはまり込み、物事の本質が忘れ去られてしまう。そのような危険性が常につきまとっているものだ。

その点、自分の実感でつかんだ確信には、そのようなことがない。純粋な確信であれば、他人がどうあれ揺るぎもしないものだ。わたしは、それが信仰だと思っている。それだからこそ、宗教が今日にいたるまで多くの人々の心をつかんで離さないのだと……。

大師は、その確信を宇宙の神秘と一体になることによって自分の中に取り入れた。

次は、自分がつかんだその実感を人にどう伝えるか、である。どのように理論づけたら、他人にわかってもらえるのか――。密教では、実践を「事相《じそう》」といい、教理を「教相《きょうそう》」というが、その「教相」面での大師の苦闘が、このときから始まったのではないかと思われる。

原始仏典には、釈尊がいまから二千五百年ほど前、インドのネーランジャラー河（尼連《にれん》禅河《ぜんが》）の菩提樹の下で悟りを開いたとき「わたしの悟りは他人に説くにはむずかしすぎる。他人にいってもわからないであろう」と考えためらっていた。すると梵天《ぼんてん》（バラモン教の最高神）が現れ、釈尊に「衆生のためにぜひあなたの悟りを説いてほしい」と頼み、釈尊はやっと決意して、菩提樹の下から立ち上がり、ミガダーヤ（鹿野苑《ろくやおん》）で最初の説法（初《しょ》転法輪《てんぽうりん》）を行った、とある。

そのときの大師は、まさにこの釈尊と同じ心境であったにちがいない。

自分にはわかった――しかし、いったい、自分のこの悟り（内証《ないしょう》）をどのようにして人に伝えたらよいのか。大師は自分の悟りのよりどころになるものは何かを探し求めて、激しい苦闘を続けられたと思われる。

誤解を恐れずに申しあげれば、わたしは、この実践修行中が大師の密教のすべてであり、後はその理屈づけにすぎなかったと思う。ちょうど釈尊が菩提樹の下で悟りを得た、それが、仏教のすべての源であり、釈尊自身が法を説きながら、それを他人にわからせるために理論づけ強化していったように、大師もその後、その瞬間の神秘体験を他人に説くための〝武器〟となるべきものを探し求めたと思うのである。

まず、神秘体験（悟り）があり、その後で理論づけが始まったのだと。

前述の『空海僧都伝』には、大師は「三乗・五乗の十二部経、心の裏《うち》に疑い有りて、未だ以て決を為《な》さず。」――自分はありとあらゆる経文を読んだが、どの経もいまひとつで心を決めかねている、という状態であったとある。

自分の悟りの拠点となるべき教えを求めての、昼夜を分かたぬ必死の探索であったにちがいない。

しかし、その真剣な願いが、ほどなく日本密教にとっては、さきの神秘体験につぐ、第二の劇的な〝出会い〟を生むことになる。

大師が諸仏に「どうかわたしに、これしかない、これが経典だというものをお教えください」と祈願したところ、夢の中に人が現れて、『大毘盧遮那教《だいびるしやなきよう》』というお経がある、これこそおまえが探し求めているお経だと大師に告げた。そこで大師が探したところ、はたして一部を手に入れることができた、というのである。

この『大毘盧遮那経』（正しくは『大毘盧遮那成仏神変加持経《だいびるしやなじようぶつしんべんかじきよう》』、略して『大日教《だいにちきよう》』という）こそ、後に大師が唐で知ることになる『金剛頂経《こんごうちようきよう》』と並ぶ密教の根本聖典だったのである。『大日経』はすでに日本に入ってはいたのだが、大師が発見するまでは、この経に注目する人はいなかったのであった。

長い苦闘の末、求める物を得た大師は、『大日経』を精読した。しかし、もう一つ経の精髄がつかみきれない（『大日経』の内容はほとんどが、曼荼羅《まんだら》、灌頂《かんじよう》、護摩《ごま》、印契《いんげい》、真言《しんごん》など密教の基本的な行法を述べたものであり、奥儀をきわめた人から直接伝授されないかぎり、読むだけではわからない）。当時の日本には大師の疑問に答えてくれるような人物はいなかったのであろう。

そこで大師は、唐へ渡り、しかるべき人物を探し、『大日経』の教えを直接伝授してもらおうと決意したのであった。

弘法大師の輝かしい足跡

もう一度『密教辞典』を見てみよう。

「八〇四年（延暦二十三年）七月六日、藤原葛野麻呂《ふじわらのかどのまろ》の遣唐船（第一船）に便乗して九州肥前田浦を出帆し、漂流後、八月十日に、中国の福州長渓県赤岸鎮に着き、十月三日福州に回航した。十一月三日、福州を発ち、大陸を縦断して十二月二十一日、長安（注・唐の都）に到着した。翌年、西明寺に留住して般若三蔵《はんにゃさんぞう》（注・カシミール人で訳経僧。大師は長安に滞在中、彼からサンスクリット語やインド哲学などを学んだ）に学び、次で、青龍寺の恵果《けいか》を訪ねて六月上旬、灌頂壇に登り、七～八月に両部曼荼羅《まんだら》の秘法と仏法阿闍梨《あじゃり》の灌頂を受け、中国密教の正系を継承した。」

この青龍寺の恵果和尚との邂逅《かいこう》が、日本密教にとって、第三の、決定的な〝出会い〟となったのであった。

密教はインド仏教の最後の時期に現れた仏教である。大師が入唐《にっとう》した当時は密教が中国へ渡来して一世紀もたっていなかった。

話は前後するが、インドに体系的な密教が成立したのは、六~七世紀の頃である。それまでにも密教らしきものはあったのだが、呪術的色彩が強く、まだ体系化されたものではなかった。これを雑部密教《ぞうぶみつきょう》(雑密《ぞうみつ》)という。

七世紀半ばになって『大日経』が生まれ、胎蔵界系(大日如来の心内の境地、すなわち「理」の世界を表す)の密教が、ついで七世紀後半に『金剛頂経』が成立して、金剛界系(如来の境地へいたる人々の心と修行のあり方、すなわち「智」の世界を表す)の密教が、それぞれ体系化されたのであった。これを雑密に対して、正純密教(純密《じゅんみつ》、純正密教ともいう)と呼ぶ。余談だが、わたしの本名の「正純」は、ここからとられたものである。

ともあれ、純密には胎蔵界、金剛界の二つの流れがあった。

八世紀初頭に長安にやってきたインド僧、シュバカラシンハ、(中国名は善無畏《ぜんむい》)の手で、まず『大日経』が漢訳され、善無畏に続いて中国入りした、これもインド僧であるヴァジュラボーディ(中国名は金剛智三蔵《こんごうちさんぞう》)が『金剛頂経』の訳業にとりかかり、ここに密教は初めて中国へ根を下ろしたのであった。

仏教の他宗派の中国渡来に比べると、まことに早い伝来であった。これも仏のはからいであろうか。

金剛界の密教は、金剛智からその弟子のインド僧アモーガヴァジュラ（中国名は不空《ふくう》）に伝えられた。その不空の正嫡の弟子が恵果和尚だったのである。こうして金剛智が中国へ伝来した金剛界密教は、弟子不空の手を経て恵果和尚に直伝されたのであった。

と同時に、恵果和尚は、善無畏の弟子の玄超《げんちょう》から胎蔵界系の密教も伝授された。

つまり、金剛界、胎蔵界という二つの系列で中国へ伝えられた正純密教が、恵果和尚のもとへ初めて集約されたのであった。

そのようなときに弘法大師が恵果和尚を訪ねたのである。「決定的な出会い」とさきに述べたのは、このような事情があったからだ。

さて、大師が訪ねると、恵果和尚は待ちかねていたかのように、弘法大師を歓待し、和尚手ずから、金剛界、胎蔵界の両秘伝を大師に伝授したのであった。まことにグッド・タイミングであった。恵果和尚はその年の十二月、世を去ったのである。

インド伝来、ホッカホカの正純密教を恵果和尚から伝授された大師は、入唐から二年たった八〇六年十月、両部の秘伝とおびただしい密教教典や法具を携えて帰国したのであった。

帰国後、大師はさらに研鑽を重ね、金剛界、胎蔵界の両部を統一（「両部不二《りょうぶふに》」という）して、ここに真言密教のシステムを確立。若い頃の自分の神秘体験にしっかりした肉づけをほどこし、かくして真言密教を「教相」「事相」ともども、日本全国に普及させるにいたったのである。

それでは、弘法大師が作りあげた真言密教の神髄とはどのようなものであろうか。それをお話しするまえに、帰国後、六十二歳で高野山に入定《にゅうじょう》（入滅ともいう）されるまでの大師の足跡を、もう一度『密教辞典』の記述を借り、駆け足で見ておこう。

「（帰国後、大師は）伝説では（九州）筑紫の観世音寺に滞住し、次で和泉の槇尾《まきお》山寺に入住した。八一〇年（弘仁元年）、高雄《たかお》山寺（神護寺）で鎮護国家の修法を行い、八一一年（弘仁二年）十一月九日、乙訓寺の別当に住。八一二年（同三年）十一月十五日、、最澄（注・伝教大師、天台宗の開祖）以下四人に金剛界灌頂を、十二月十四日には胎蔵界灌頂を最澄以下百四十五人に授け、最澄との交流も始まる。八一六年（同七年）六月、高野山に修禅の一院建立を上表し、七月勅許、開創に着手した。八二一年（同十二年）五月、四国讃岐に満濃池《まんのういけ》を築く。翌年、奈良東大寺に真言院を建立。八二三年（同十四年）正月、東寺を給預され、密教の根本道場として教王護国寺と号する。八二八年（天長五年）東寺の東隣に庶民の子弟教育の綜藝種智院《しゅげいしゅちいん》を建立した。八三四年（承和元年）正月、宮中真言院で毎年正月に真言の修法を奏上して勅許された。これが後七日御修法《ごしちにちみしほ》（注・毎年正月八日から十四日まで、宮中で真言の大法を勤修して、玉体安穏《ぎょくたいあんのん》・皇祚無窮《こうそむきゅう》・鎮護国家《ちんごこっか》・五穀《ごこく》豊穣《ほうじょう》を祈願する儀式。現在は東寺灌頂院で行われている）の最初。十二月二十四日、東寺三綱《さんごう》（注・寺の統治者）の勅許。八三五年（承和二年）一月二十二日、真言宗年分度者《ねんぶんどしゃ》（注・年々定数を限って得度させる官許の僧。当時は政府公認の僧の数は厳しく制限されていた）三名を許され、三月、高野山で入定。」

　これが大師の生涯であった。

　大師は宗教家として活躍しただけではなかった。思想家、文化人としても、特筆に値する巨大な足跡を残した人であった。

　たとえば、その主著『十住心論《じゅうじゅうしんろん》』（正しくは『秘密曼荼羅《ひみつまんだら》十住心論《じゅうじゅうしんろん》』）は道元禅師（曹洞宗開祖）の『正法眼蔵《しょうぼうげんぞう》』と並び、日本の仏教思想史を代表する名著といわれている。大師は、思想家としても超一流の人だったのである。

また大師は、文化人としても抜きん出た存在であった。

世界最初の庶民学校である綜藝種智院《しゅげいしゅちいん》の設立、それまで三年の歳月を費しても不可能であった満濃池《まんのういけ》の築堤をたった三か月で修築、日本最初の辞典である『篆隷万象名義《てんれいばんしょうみょうぎ》』の編さん、日本で最初の小説といわれる『三教指帰』の執筆、詩文集『遍照発揮性霊集《へんしょうはっきしょうりょうしゅう》』に見られる華麗な詩才、嵯峨天皇、橘逸勢《たちばなのはやなり》と並び「三筆」と称された見事な書道、さらには漢方医学についての造詣の深さ——と、多方面にわたって卓越した才能を発揮されたのであった。「いろは歌」も大師作と伝えられている。

まさに、日本の宗教界、思想界、文化界を代表する万能人であり大天才であったのである。

（なお、弘法大師について詳しくお知りになりたい方のために、一般書店で入手しやすい関連書籍を以下に列挙する。いずれも一般向きであり、読みやすく参考になる）

『空海辞典』金岡秀友編、東京堂出版
『沙門空海』渡辺照宏・宮坂宥勝共著、筑摩叢書
『新・弘法大師伝』宮崎忍勝著、大法輪閣

『空海の人生と思想』講座「密教」3、宮坂宥勝・梅原猛・金岡秀友共編、春秋社（この講座は他の巻でも、弘法大師についての言及が多い）
『生命の海〈空海〉』「仏教の思想」9、宮坂宥勝・梅原猛共著、角川書店
『空海の思想について』梅原猛著、講談社学術文庫（講座「密教」3から梅原論文を独立させたもの）
『空海』朝日評伝選、上山春平著、朝日新聞社
『空海の風景』司馬遼太郎著、中公文庫
『入定留身』三井英光著、法蔵館
『密教の話』金岡秀友著、潮文社
『密教思想の真理』宮坂宥勝著、人文書院
『霊験』今井幹雄著、芸立出版
『弘法大師著作全集・全三巻』勝又俊教編修、山喜房佛林刊
『十住心論』日本思想大系5「空海」、川崎庸之訳註、岩波書店
『三教指帰・性霊集』日本古典文学大系71、渡辺照宏・宮坂宥勝校注、岩波書店
『秘蔵宝鑰・般若心経秘鍵』仏典講座32、勝又俊教訳注、大蔵出版

『密教世界の構造―空海「秘蔵宝鑰」』宮坂宥勝著、筑摩叢書
『真言密教の基本』三井英光著、法蔵館
『現代密教講座・全八巻』宮坂宥勝・金岡秀友・松長有慶監修・編集、大東出版社
『密教辞典』佐和隆研編、法蔵館

2　真言密教とはどのような教えか

秘密とはどういうことか

弘法大師の作と伝えられる歌に、

阿字の子が　阿字のふるさと　立ちいでて
またたち帰る　阿字のふるさと

というのがある。

「梵音《ぼんのん》」と題する真言宗のご詠歌である。

「阿字」というのは、梵語の最初の文字であり、大日如来のシンボルとされている文字である。

その阿字の子、つまり、大日如来（＝宇宙）から生命を授かり、人間としてこの世に生まれたわたしたちが、行を積み祈りを重ねることによって、わたしたちが本来もっている仏性《ぶっしょう》に目覚め、もう一度本来の姿である仏に戻るという意味の歌であろうと思う。

わたしは信者さんと話をするとき、よくこの歌をひきあいに出す。

真言密教でいちばん大事な「即身成仏」の心を、わかりやすく表現していると思うからである。

即身成仏とは、言葉通り、人間が人間の身体のままで仏になることだ。密教のあらゆる行の最終目的は、この「即身成仏」にあるといっていい。この点が密教と顕教《けんぎょう》（密教以外の仏教のこと）のまったく違うところだ。

顕教では、仏になるということは、自分が死んだ後に極楽浄土に生まれたり、あるいは、何度も何度も生まれかわり死にかわり、数々の功徳を積んで、やっと仏になるのだとしている。

密教はそうではない。正しい手続きさえ踏めば、誰でも人間の身体のままで仏になれるとする。

しかし、みなさんは、本当にそんなことができるのかとお思いになるだろう。本当に可能なのかと——。

しかり、可能である。できるのである。

それを順々にお話ししよう。

「密教」とは、「秘密宗教」「秘密の教え」ということだ。そこで、まず、秘密とは何か、何を秘密というのか、である。

秘密というと、何かうさん臭いものではないかとお思いになる方もいらっしゃるだろう（事実、密教は一時そのような誤解を受けたこともあった）。しかし、密教の秘密はそのようなものではない。

弘法大師は、密教と顕教を比較した『弁顕密二教論《べんけんみつにきょうろん》』の結論のところで、次のようにいっている。

「法身《ほっしん》の説は深奥なり。応化《おうけ》の教は浅略なり。ゆえに秘と名づく。いわゆる秘密にしばらく二義あり。一には衆生秘密、二には如来秘密なり。衆生は無明妄想をもって本性の真覚を覆蔵するが故に、衆生の自秘という。応化の説法は機に逗《かな》って薬を施す。言は虚《むなし》からざるが故に。ゆえに他受用身は内証を秘してその境を説きたまわず。すなわち等覚も希夷し、十地も絶離せり。これを如来秘密と名づく。」（『弘法大師著作全集』第一巻）

――と。

最初から少々むずかしいかもしれないが、わかりやすくいうと、次のような意味である。

密教の教えは法身（永遠不滅の真理で絶えず宇宙に遍満しているという意味）である大日如来の説かれたものである。だから、その奥が深く人間の智恵ではなかなかわからない。

これに対して顕教の教えは応化身（衆生救済のために仏が生身の人間となってこの世に現れることで、釈尊をさす）の説かれたものであるから、本物の仏である大日如来の教えに比べると底が浅い。したがって大日如来の説かれた密教は秘密なのである。

また、秘密には二つの意味がある。

一つを「衆生秘密」といい、これは、衆生つまりわたしたち人間は、一章で述べたように、本来は仏であるのに、そのことに気づかずに、自分で自分の本性を隠してしまっている。だから秘密なのである。自分で秘密にしているから、これを「衆生自秘」ともいう。

もう一つは「如来秘密」といい、これは、釈尊は法を教える相手の器、機根に応じて説法する（これを対機説法、応機説法という）から、誰にもわかりやすい。しかし、大日如来は、仏の世界の真実語でしか話さないから、その内容は、普通の人間にははかり知ることができない。したがって秘密なのである、ということだ。

どちらもわたしたち人間には知ることができないから秘密なのである。

一章で述べたように、仏とは宇宙のことである。その意味からすると、仏の言葉とは、つまり宇宙の真実の姿、わたしたちの生命の根本にほかならない。それがなぜ秘密なのかといえば、わたしたちの愚かさのために、隠されていてわからないからだ。

本当はわたしたちのすぐそばにあるのに気がつかない。

それでは、どうすればそれがわかるようになるのであろうか。

弘法大師は『秘蔵宝鑰《ひぞうほうやく》』の序文で「顕薬《けんやく》は塵《ちり》を払《はら》い、真言庫《しんごんくら》を開《ひら》く」といっている。

つまり、顕教の教えは、煩悩の塵をぬぐって悟りを開かせるだけで、それ以上のことはわからないが、密教の教えは悟りを開かせたうえ、庫を開いて、わたしたちに宇宙の本当の姿を見せてくれるというのである。密教ならそれがわかると。

このように、庫を開いて秘密を教えてくれるから「密教」という。

密教とは、一口でいえば、即身成仏して宇宙の真理を知る宗教といってよいと思う。そうすることによって、いろいろな力が自分につき、数々の「不思議」を出現させることができるのだ。

密教のさまざまな教相も事相も、結局は、この即身成仏に集約されるのである。即身成仏するために、さまざまな行法があり、また教論があるのだ。
それでは、いったいどのようにすれば即身成仏できるのか。どのような方法をとれば、それが可能になるのか。そのノウハウはどこにあるのか——。
次にそのことを申しあげよう。

密教は「祈り」の宗教である

弘法大師の『即身成仏義《そくしんじようぶつぎ》』の中に次のような一節がある。

「六大無碍《ろくだいむげ》にして常に瑜伽《ゆが》なり
四種曼荼《ししゆまんだ》おのおの離れず
三密加持《さんみつかじ》すれば速疾《そくしつ》に顕《あら》わる
重々帝網《じゆうじゆうたいもう》なるを即身と名づく」

……………

わたしは弘法大師のことを書いたところで「神秘体験」ということを申しあげた。大師は「神秘体験」を通して、密教の神髄をつかんだのだと。
密教はいくら学問を積み、教論を学んでも（もちろんこれは大切なことである）、それだけでは神髄はわからないのではないかと、わたしは思う。無心に祈り、一心に行をして、自分で神秘体験をしてみないことには、本質はわからないのではないかと思うのである。
その意味でわたしは、密教は、「祈り」の宗教であると思う。行をして、祈って祈って仏と一体となり、仏の加護を得る宗教だと思うのである。そこに数々の奇蹟、不思議が生み出されるのだと。
では、どのように祈ればよいのか——。その秘法を述べたのが冒頭に掲げた『即身成仏義』の四行の言葉である。
この四行の短い言葉の中に、真言密教の全エッセンスが含まれている。その意味では、この四行が真言密教の神髄を示しているといってもよい。
この語句の意味をもう少しわかりやすくするために、次に近代密教学の第一人者である栂尾祥雲《とがのおしょううん》師（故人）の現代語訳を掲げよう。
「六大をもってあらわす法身《ほっしん》の体性《たいしょう》は、
これをさまたげるものなく常に瑜伽《とけ》あっている
四種の曼荼羅《さとりのよ》の真実の相は
かれこれたがいに関連して相離れない

仏と凡夫《よのひと》の三つの神秘の作用《はたらき》が
たがいに加持《ちからぞえ》するがゆえに速《すみや》かに悉地《かないごと》をあらわす
あらゆる一切《いっさい》の身が互《たがい》に重々に円融《とけあい》して
恰《あたか》も帝釈天《たいしゃくてん》の珠網の如《ごと》くなるを即身《そのみ》と名づく」
…………

弘法大師は、この句の後に、その一句一句について詳細な解説を加えている。

しかし、この言葉を理解するには、その前に密教の宇宙観を知っておくことがぜひとも必要である。一般の科学的宇宙観とはまったく違ったものであるからだ。

まず、それを見ておこう。

密教では、宇宙に存在するあらゆる物体は、「体《たい》」「相《そう》」「用《ゆう》」の三つの面から成り立っていると見る。

「体」というのは物体そのものである。バラの花であれば、バラの花そのものをさす。これを「体大《たいだい》」といっている。

「相」というのは、物の姿、形である。バラの花にはいろいろな色や形があり、大きさも違う。これが「相」であり「相大《そうだい》」という。

「用」とは、物体がそれぞれにもっている働き、作用のことだ。バラの花は、ツボミが開き花が咲き、香りを出す働きがある。これを「用大《ゆうだい》」という。

密教では、このように、宇宙に存在する全物質には、必ず体・相・用の三つの面があると見る。

これから申しあげるように、この宇宙自体も三つの面から成り立っている。

これが密教の宇宙観だ。

そこで『即身成仏義』の言葉だが、これはこの四行で、その宇宙のあり方を示したものなのである。

まず「体」だが、密教はこの宇宙は六つの構成要素から成り立っているとして、これを「六大体大《ろくだいたいだい》」と呼んでいる。

「六大」というのは、「地・水・火・風・空・識」の六つの存在要素である。このうち「地・水・火・風・空」の五つを「五大」といい、物質的存在を表している。

誤解のないようにお断りしておくが、地大といっても、土地そのものをさしているのではない。地すなわち固いもの（固体）、水すなわち流れ下降するもの（液体）、火すなわち燃え上がり上昇するもの、風すなわち動くもの（気体）、空すなわちあらゆる空間、という意味だ。

この「地・水・火・風・空」の五大に、精神的存在である「識」（認識作用）が加わって、「六大」となるのである。宇宙は物質だけで成り立っているのではない。そこにわたしたちの認識作用が加わって、初めて存在しているといえるのである。したがって大師は識のことを智とも覚とも心ともいっている。つまりわたしたちの精神活動だ。

宇宙はこの「六大」で構成されている。

この六大は一つずつバラバラに存在しているのではない。六つの要素がそれぞれお互いに融け合って、入りまじりながら存在している。「六大無碍にして常に瑜伽なり」とは、そのような宇宙の実体を表した言葉なのである。

これを「六大《ろくだい》無碍《むげ》」という。

即身成仏するには、まずこの宇宙の実体を認識することが大切である。

次に「相」の面だが、宇宙には四つの面がある。密教はそれを四つのマンダラで表している。「四曼」の曼《まん》とはマンダラのことだ。

マンダラは真言密教にとっては、なくてはならない大事な法具だ。みなさんも真言宗のお寺などでご覧になったことがおありだろう。

マンダラとは、一口でいえば、大日如来を中心にした諸仏諸尊の配置図で、これで宇宙の姿を表現したものだ。

このマンダラに四種類ある。「大マンダラ」「三昧耶《さんまや》マンダラ」「法マンダラ」「羯磨《かつま》マンダラ」の四つである。

「大マンダラ」というのは、宇宙のあり方を仏の形象を描いて表したものだ。これには金剛界マンダラと胎蔵界マンダラの二つがあるが、どちらの場合も、大日如来を中心に諸仏諸尊を極彩色で鮮やかに描いている。

「三昧耶マンダラ」は、宇宙の姿をそれぞれの仏がもっている標幟《ひょうじ》、刀剣、輪宝、金剛、蓮華などを描いて象徴的に表したものだ。「法マンダラ」は諸仏諸尊の種字真言《しゅじしんごん》（梵字）を使い、宇宙を象徴的に表現している。「羯摩マンダラ」は諸仏の動きを示したものだ。羯摩とはサンスクリット語のカルマを音写したもので、所作、働きのことである。

このようにマンダラは宇宙の実相を四つの形で表現したものだ。しかし、もとはといえば、四つとも同じ宇宙を違う角度から観察したものにすぎない。もとはすべて同じである。それだから「各不離」というのである。

これを通常「四曼不離《しまんふり》」という。

宇宙はこのように、六つの構成要素から成り立ち、四つの形があるのである。

さて、三番目の「用」だが、これがこの一連の句の最大のポイントである。この「三密加持」の中に、密教の全体系が集約されるといっていいほど重要なところである。弘法大師もこの部分の解説にいちばん力を入れている。

いったい三密加持とは、どのようなことか。

仏教では、わたしたちの日常の行為、生活はすべて身体、言語、心の三つの働きで成り立っていると見る。この三つの働きがわたしたちのあらゆる行動のもとになっている。わたしたちは身体で行動し、口でものをいい、心でいろいろに考え、思う。こうして毎日を過ごしている。

これを「三業《さんごう》」（身業《しんごう》、口業《くごう》、意業《いごう》）という。業とはカルマの訳語で、所作、働きという意味である。したがって、三業とは、肉体の働き、言葉の働き、心の働きということである。

この「三業」を密教では「三密《さんみつ》」という。

なぜであろうか――。

弘法大師は「法仏の三密は甚深微細にして等覚十地（菩薩）も見聞すること能《あた》わず。故に密という。（中略）衆生の三密もまたかくのごとし」と続けている。

つまり、仏の三業は、わたしたちにはうかがい知れないほど微妙で奥深い。だから秘密であり、三密になる。それと同時にわたしたち人間も本来は仏だ。その仏であるわたしたちの本当の行動、言葉、考えも隠されていてわからない。だから秘密である。つまり、わたしたちの三業も本当は三密なのである。

これが三密（身密《しんみつ》、語密《ごみつ》、意密《いみつ》）ということだ。

さて、大師は前の文に続いてこう述べている。

「もし真言行者《しんごんぎようじや》あってこの義を観察して、手に印契《いんげい》を作《な》し、口に真言《しんごん》を誦《しよう》し、心三摩地《さんまじ》（妄念を離れ、心が静寂安和の状態になること）に住すれば、三密相応《そうおう》して加持するが故に、早く大悉地《だいしつじ》を得（願いごとがかなう）。」

三密加持とは、つまり、一章で述べたように、手に印契を結び（身密）、口に真言を唱え（語密）、心に本尊を念じて（意密）祈ることである。

そうすればどのような願いごとでも達せられるという意味だ。「三密加持」することにより、行者は「六大」「四曼」で表される宇宙の大霊と一体になり、数々の奇蹟、不思議を生み出す力をもつことができるということである。

密教ではまた、このように三密加持によりさまざまな不思議を顕現することを「三力加《さんりきか》持《じ》」ともいっている。

「三力」とは、仏が人を救いたい（人間の内部にある仏性＝宇宙のエネルギーを解放させてやりたい）と願う力（これを〝加被力《かひりき》〟という）と、行者や信者さんが救ってほしい（エネルギーを解放してほしい）と祈る力（これを〝功徳力《くどくりき》〟という）と、宇宙に遍満する力（宇宙そのものがもつエネルギーで〝法界力《ほっかいりき》〟と、いう）の三つの力のことだ。

「三力加持」とは、行者が「三密加持《さんみつかじ》」を行い、この三つの力を合致させることで、わたしたちの内部に満ちあふれているエネルギーが、正しい出口を見つけて一挙にほとばしり出て、人間の智恵や力だけでは考えられない「不思議」を生むということである。

一章で書いた「病気が治る」ということも、わたしが加持をすることで「三力」が働き、信者さん自身が自分では知らないままにもっている宇宙のエネルギーが表面へ現れて、その力で病根を断つのである。一章で申し述べた「大宇宙のエネルギーが注ぎ込まれる」というのは、これと同じことである。

弘法大師は前の文章に続いて一章で引用した「仏日の影衆生の心水に現ずるを加といい、行者の心水よく仏日を感ずるを持と名づく。」という部分を述べた後、さらにこう続けている。

「行者もし能《よ》くこの理趣《りしゅ》（道理）を観察すれば、三密相応するが故に現身《うつしみ》に速疾《そくしつ》に本音《ほんぬ》の三身（仏の三つの姿である法身・報身・応身のこと）を顕現《けんげん》し證得《しょうとく》す。故に「速疾顕《そくしつけん》」と名づく。」

加持の原理をよく理解して、三密加持を行い行法をよくすれば、この身このままでいち早く仏になることができる、ということである。

これが「即身成仏」である。

次の句の帝網とは、忉利天《とうりてん》にいる帝釈天《たいしゃくてん》の宮殿にかけられた網のことで、この網には結び目に宝珠がつけられており、それらがキラキラ光って互いに反映しあっている。この玉のように衆生と仏が一体となり融け合うのが「即身」である、という意味である。

密教とは秘密の教えである。何が秘密かといえば「如来の秘密」と「衆生の秘密」がある。密教はその秘密を明らかにする仏教だ。それを明らかにするには「六大無碍」「四曼不離」という宇宙の実体、実相をよく観じ、「三密加持」を行う。その結果「即身成仏」ができ、宇宙の秘密を、生命の実相を知ることができる。また、そこからさまざまな力を得ることもできる。

——密教の基本的な考え方をごく大ざっぱにいえば、このようなことになろうか。

わたしは、最初に申しあげたように、密教は神秘体験の宗教、つまり祈りの宗教であると思う。実際にやってみないとその本質はわからないのである。言葉だけで説明するのはきわめて困難なことだ。

ちょうど、水泳や自転車と同じである。いくら本を読み、人から聞いても、実際に自分でやってみないことには、泳げないし、自転車にも乗れない。

ここに申し述べた部分が真言密教のいわば核心を成すところだ。わたしの筆でどこまでご理解いただけたか恐懼《きょうく》のきわみだが、このような考え方がわたしの行のバックボーンになっている。

大師の教えは、まだ限りなくある。興味をもたれた方は、前節に挙げた関連書等をご覧いただきたい。

大師は『般若心経秘鍵《はんにゃしんきょうひけん》』でこういっている。

「それ佛法（悟りの智恵）はるかにあらず、心中にしてすなわち近し。真如（悟りの道理）外にあらず、身を棄てていずくんか求めん。迷悟（迷いと悟り）われに在れば発心すればすなわち到る（発心して修行すれば悟ることができる）。明暗（明悟と闇迷）他にあらざれば信修すればたちまちに證す（信心して修行すればすぐに悟ることができる）。哀れなるかな、哀れなるかな、長眠の子。苦しいかな、痛しいかな、狂酔の人。痛狂（心が狂い迷っている人）は酔わざるを笑い、酷睡（迷いの眠りに深くおちいっている人）は、覚者を嘲《あざけ》ける。かつて医王の薬を訪《とむら》わずんば（医王と仰がれる仏の教えを受けなければ）、いずれのときにか大日の光を見ん。」（『弘法大師著作全集』第一巻）

大師がいうように、悟りとか真理とかいうものは、本来自分の中にあるものだ。正しい信仰心をもち熱烈に祈れば、必ず仏さまは救ってくださる。熱烈に祈ればこそ「三密加持すれば速疾に顕る」のである。

不動明王とはどのような存在か

わたしの寺の本尊は、前に申しあげたように、不動明王である。

わたしの家系でいつの頃からお不動さまを本尊とするようになったのかは、記録がないためわからないが、修験道では不動尊を本尊とするケースがきわめて多いことからして、相当以前からのことであろうと思う。

不動明王にはいろいろな呼び方がある。

梵語では「アチャラ・ナータ」という。「アチャラ」とは「動かない」という意味で、「ナータ」は「守護者」ということだ。それで「不動」とか「無動」と翻訳したのである。正しくは「不動威怒《いぬ》明王」という。「不動尊」「無動尊」は略称である。

一般には「お不動さま」として親しまれている。古くから、霊験あらたかな仏さま（不動明王を神さまと思っている人がいるが、後で述べるように不動明王は神さまではない。仏さまである）として、多くの人の信仰を集めてきた。いまでもそれは変わっていない。「お釈迦さま」「阿弥陀さま」「観音さま」「お薬師さん」「お地蔵さん」「お稲荷さん」などと並び、民間信仰としての古い歴史がある。中でも「お不動さま」は、霊験があるという点では、仏さまのチャンピオンといっていいだろう。

真言宗の寺では、大日如来像を中心にして、左に不動明王像を置き、右に弘法大師像を祭るのが普通である。これは、不動明王で大日如来の智恵を象徴し、弘法大師で慈悲を表しているのである。

みなさんも、火炎を背負い、大磐石に立ち（座像もある）、右手に剣を握り、左手に羂《けん》索《さく》（綱）をもち、恐ろしい形相でこちらをにらみつけるお不動さまの像は、何度かご覧になったことがおありだろう。

不動明王は、このようにたくさんの人たちから深く信仰されている。しかし、それにしては、不動明王がどのような仏さまなのかを知っている人は、意外に少ない。

いったい不動明王とはどのような仏なのであろうか。数多い諸仏諸尊の中でどのような位置をしめているのであろうか。ここで仏さまの世界をのぞいてみよう。

絶対神である一神＝神を信仰する神道やキリスト教、回教と違って、仏教には無慮無数の仏がいる。胎蔵界マンダラには四百十尊が描かれ、金剛界マンダラには、実に千四百六十一尊もの諸仏諸尊が描かれている。

仏が救わなければならない衆生の数は限りがない。したがって、仏さまもその分だけ数限りなくいらっしゃるというわけだ。

このように数多い仏の中で、不動明王は、どのようにランクづけされるのであろうか。

話は少し固くなるけれど、密教ではこれらの諸仏諸尊を四つのランクに分けている。

第一が仏（如来）である。大日如来とか阿弥陀如来とかいう、その如来である。これを「自性輪身《じしょうりんじん》」という。自性とは、如来自らが自分の本心を示すということであり、輪とは車の輪を回すようにうまく宣伝する（法を説く）という意味だ。したがって「自性輪身」とは、仏自らが自らに説法するということである。だから如来の説く教えはむずかしすぎて、わたしたち人間にはわからない。

第二のランクが、菩薩である。観世音《かんぜおん》菩薩であるとか、弥勒《みろく》菩薩であるとかの菩薩である。これを「正法輪身《しょうぼうりんじん》」という。菩薩は悟りの境地に達しているけれど、仏にはならず、如来に代わって、わたしたち衆生に正しい法を説く。だから「正法輪」と呼ぶのである。

三番目は明王で、これを「教令輪身《きょうりょうりんじん》」と呼ぶ。「教令輪」とは、伝令使とか宣伝マンといった意味だ。つまり、如来の命令を受けてその使者として宣伝活動にあたるということである。菩薩が柔和で穏やかな顔をしているのに対して、明王はどれも恐ろしい忿怒相《ふんぬそう》をしている。これは、菩薩の教えに耳を貸そうとしない救いがたい極悪の衆生でも、そのような怒りの姿を示すことで、相手を震えあがらせてでも救ってやるという、激しい熱情を表しているのである。それだけ力のある仏さまだ。不動明王とか降三世明王《ごうざんぜみょうおう》とかがここに入る。

最後の第四が天部である。帝釈天《たいしゃくてん》、毘沙門天《びしゃもんてん》、梵天《ぼんてん》、大黒天《だいこくてん》、聖天《しょうてん》（歓喜天《かんぎてん》）といった仏さまたちだ。もともとはバラモン教やヒンズー教などの神々であったものが密教に取り入れられたものである。したがってマンダラの中に正式な位置はない。このために「自由法輪」といわれている。自由に説法しなさいというわけである。

このように仏には四つのランクがある。

第一の如来は最高位であり不可侵である。第二の菩薩は聖者であり慈悲の力で衆生を導く。第三の明王は如来の使者として難化の者を力で救う。第四の天部はわたしたちの先輩格、兄貴分といったところで、気軽にわたしたちの相談相手になってくれる――このような存在だと考えていただければよいと思う。

そして、このように数多い諸仏諸尊の中で中心となる仏が五人いる。これを「五仏」という。

大日如来、阿閦《あしゅく》如来、宝生《ほうしょう》如来、阿弥陀如来（無量寿《むりょうじゅ》如来、無量光《むりょうこう》如来ともいう）、不空成就《ふくうじょうじゅ》如来（釈迦如来、つまりお釈迦さまの別名である）の五人の仏さまたちである。

この五仏がそれぞれの智恵をもち（これを「五智」という）、自性輪を転じて法を説くのだが、その教えが深遠であるために、わたしたちにはわからない。

そこで、菩薩や明王が如来に代わり、如来の代理・使者として、衆生のために法を説き、その救済にあたるのである。

そのために、五人の如来にはそれぞれ一人ずつの「正法輪身」と「教令輪身」がついている。如来を社長とすれば、菩薩は副社長、明王は専務取締役といったところであろうか。

それをわかりやすく示すと、次のようになる。

方位　自性輪身　正法輪身　教令輪身
中央　大日如来―般若《はんにゃ》菩薩―不動《ふどう》明王
東方　阿閦如来―金剛薩埵《こんごうさった》―降三世《ごうざんぜ》明王
南方　宝生如来―金剛蔵王《こんごうぞうおう》―軍荼利《ぐんだり》明王
西方　阿弥陀如来―文殊《もんじゅ》・観音《かんのん》―大威徳《だいいとく》明王
北方　不空成就如来―金剛牙《こんごうげ》菩薩―金剛夜叉《こんごうやしゃ》明王

この表からおわかりのように、不動明王は大日如来の教令輪身なのである。

大日如来は五仏の中央に位置している。すなわち仏さまの中の仏さまということだ。

不動明王はこの大日如来の使者である。使者ということは、大日如来が変身したということだ。すなわち、不動明王の本体は大日如来そのものである。

不動明王は、みなさんもご存じのように、童子形で奴僕《ぬぼく》（奴隷《どれい》）の姿をしている。これは不動明王が大日如来の命令一下、どのような下賤な仕事でも、自ら進んで引き受けてやってのけるという強い決意を表したものだ。

大日如来の正法輪身である般若菩薩の慈悲の力だけでは救いきれない極悪人を、正しい道へ嫌でも連れ戻すために、また、悪という悪をことごとく叩きつぶすために、あのような奴僕の姿をとり、顔に忿怒の相を表しているのである。

不動明王の額にはシワ（水波《すいは》という）があるが、これは救いがたい衆生のことをいつも心配している印《しるし》である。

不動明王が右手にもつ利剣は、煩悩の賊を殺すためのものであり、左手の綱はどうしようもない悪人をしばりあげて信仰心を起こさせるためのものである。

わたしは、この不動明王は「地獄の行者」ではないかと思う。

不動明王は火炎を背負っている。猛焔《もうえん》を背にしている。これを「火生三昧《かしょうざんまい》に住す」という、火災でいっさいの煩悩、悪業を焼き尽くすことを表しているのだが、わたしには、不動明王のこの姿が、たったいま地獄から出てきたところなのだ、というように思われてならないのである。

なぜ不動明王は地獄から出てきたのか――。

それは地獄へ堕《お》ちる衆生を、地獄の入口でストップさせるためである。一度堕ちたら二度と救われることがないという、その地獄へ堕ちていく衆生に代わって、不動明王自らが地獄の業火に焼かれながら、衆生が地獄へ堕ちるのを助けてくださっているように思うのである。だから、背後で地獄の火がゴウゴウと燃えているのだと。

不動明王は大盤石《だいばんじゃく》に住しているが、この岩も、わたしには何物も生み出さない地獄の組成物質を象徴しているように思われる。

みなさんもご存じのように、諸仏諸尊の台座はたいてい蓮華座である。仏は蓮の花の上で立ったり座ったりしている。これは、蓮の花が泥の中から顔を出し、やがて清らかで美しい花を咲かせるところから、菩提の花として悟りの象徴と考えられているからだ。

しかし、不動明王の台座になっている岩は、蓮の花はおろか、何物をも生み出さないかのようである。雑草一本たりとも生命あるものは生み出さないかのようである。地獄からは成仏できない、いやひとたび地獄に堕ちたら、わたしたちは未来永劫《えいごう》にわたり救われることはないのだということを象徴し、わたしたちを戒めてくれているように思われるのだ。

このように不動明王の恐ろしい忿怒相の底には、地獄へ堕ちる救いがたい衆生の身代わりとなって、自らが地獄の業火で焼かれるという、大日如来の限りない大慈悲の心が隠されているように思うのである。

わたしたち真言行者が、護摩行をやり、火を焚いて修行するのは、不動明王の地獄の修行にはとうてい及びもつかないが、せめてその千万分の一、いやそのかけらほどでも、不動明王の苦しみを味わい、その慈悲心の一端なりとも養いたいからである。

命懸けの秘法「八千枚護摩供」

前にも申しあげたようにわたしの行のうちで最も大きいのが、八千枚護摩である。正しくは「焼八千枚護摩供《しょうはっせんまいごまく》」という。

わたしは幼い頃から父に、読経をしたら刀岳の禅（本書132ページ参照）を組め、禅を組んだら修法をせよ、修法をしたら護摩を焚け、護摩を焚いたら八千枚護摩を行えと、厳しく教えられてきた。わたしは父から教えられた通り行を積み重ね、読経↓禅↓修法↓護摩と行の程度を高め、八千枚護摩という「大行」に取り組むようになった。わたしが最初に八千枚護摩供に取り組んだのは昭和三十八年である。このことは二章で申しあげた。

この八千枚護摩供というのは『不動立印軌《ふどうりゅういんき》』（正しくは『金剛手光明灌頂経最勝《こんごうしゅこうみょうかんじょうきょうさいしょう》立印聖《りゅういんしょう》無動尊大威《むどうそんだいい》怒王念誦儀軌《ぬおうねんじゅぎき》』）を典拠とするもので、『不動立印軌』には、「無比力聖者無動心よく一切事業を成弁するの法門を説く」として次のようなことが述べられている。

「菜食をして念誦をして、真言を数十万遍繰り返す。その後、一昼夜断食をして護摩木を焚く。苦練木《くれんぼく》（護摩木）は八千枚を限とする。これを行満《ぎょうまん》（完成）すれば、心に願うことはことごとく成就し、飛ぶ鳥を落としたり、川の水を干上がらせることができる」

八千枚護摩とは、それくらい効験があり、力のつく行なのである。

護摩木八千枚を焚く意味は、『梵網経《ぼんもうきよう》』というお経に、「釈尊はこの世に生まれる前に前生で修行をされていた頃、娑婆《しゃば》（この世）と彼岸《ひがん》（あの世）を八千回も往復した。その間に自分の力を高め、数限りない衆生を救い成仏した」と書かれていることに由来している。

一説には、八千枚というのは、釈尊がインドに生まれてから降魔成道《ごうまじょうどう》（悪魔・魔神を折伏《しゃくぶく》して仏の道へ導き入れること）すること八千回に及んだ故事から起こったとも伝えられている。

いずれにせよ、八千枚護摩供とは、行者が、釈尊の八千回に及ぶ苦行を、その真言加持力で一昼夜に短縮して、自らの身命を懸けて行うという、真言密教の数ある行法の中でも最大の荒行であり、最高の秘法である。

それでは、この八千枚護摩はどのようにして行うのか――。

密教には、「十八道行法」「胎蔵界行法」「金剛界行法」「不動法」「理趣経法」など、数限りない行法があるが、やり方の基本はみな同じである。

行者が自分の身を清め、行場、法具を清めて諸仏諸尊をお迎えする。そしてお迎えした諸仏に音楽を聴かせたり、水や供物をさしあげて接待をし祈願を申し述べてお帰りいただくというものだ。

八千枚護摩を行うときには、「不動法」と「護摩法」を併用する。最初に不動法を行い、本尊である不動明王をご供養し、ここで不動真言を唱える。次に護摩法に入り、護摩を焚きながら、火天（火の神さまで「アグニ」という）、般若菩薩（大日如来の「正法輪身」）、不動明王、諸尊（その他の如来、菩薩、明王）、諸天（前の項で述べた天部の諸尊）と全体を五段階に分けて、次々と仏さまたちをお呼びして、ご供養し祈願して、お帰りいただくのである（この形式はふだんの護摩を焚くときも同じである）。

ついでに申しあげれば、「護摩」とは梵語の「ホーマ」を音写したものであり、もともとは「火中に供物を投じて神に捧《ささ》げる」という意味だ。インドでは古くから行われていた儀礼である。

八千枚護摩供を行うには相当の日数がかかる。七日間、十日間、二十一日間、五十日間、百日間といろいろある。二十一日間で不動真言二十万遍を誦するのが普通だが、ここではいちばん短く最も簡単な、七日間で真言十万遍を誦する八千枚護摩供のやり方を紹介しよう。

目的は、七日間かけて、不動真言を十万遍唱え、最後の結願《けちがん》の日に乳木八千枚を一挙に焚くことである。

行者は行に入ると同時に十穀断《じっこくだ》ち、あるいは断食をする。十穀断ちとは、二章で書いたように、五穀と塩分と火を通したもの一切を断つことである。口にするのは生野菜と果物、それに水だけである。

そうして第一日は午後二時頃から一回目の行に入る（これを「初夜」という）。ここで不動真言を五千二百五十遍念誦するのだ。前に申しあげたように、最初に不動法をやり、ここで不動真言を誦し、その後、護摩法に移り、乳木を百八支と二十一支の計百二十九支を焚くのである。（乳木八千枚を焚くのは最後の日の結願の座だけである。それ以外の座は百八支ずつを焚いていく）

ふだんの不動護摩であれば、わたしの場合、不動法は二十分くらいで終わり、すぐ次の護摩法に入る。したがって、二時間ほどで一座が終わるのだが、八千枚護摩の場合はそうはいかない。

前段の不動法のところで、不動真言を五千二百五十遍繰る。

不動真言は

「なうまくさんまんだ　ばざら　だん　せんだん　まかろしやだ　そわたや　うんたらたかんまん」

というもので（四章の第三節をご覧いただきたい）、普通の人がいうと一回約五秒かかる。したがってぶっ通しにやっても一時間でいえるのは七百回程度である。相当熟練した人でも一時間に千二、三百回である。

だからこれを五千二百五十回繰ると、それだけで五時間近くかかるのだ。しかも、不動法がすんだ後に護摩法を行う。だから一座終えるのに七、八時間を要するのである。その間座りっぱなしである。

さて、一日目はこの「初夜」の一座だけで行は終わる。

二日目は、午前三時頃から一回目の行に入る（これを「後夜」という）。続いて、午前十時頃から二回目に入り（「日中」という）、それが終わると、休む間もなく午後二時頃から三回目を修する（「初夜」）。

このように一日に三座行い、その一座ごとに不動真言五千二百五十遍を誦し、その後の護摩法で乳木百八支を焚くのである。一日に三座行うためには、一座の所要時間を四、五時間以内に収めなければならない。それでないと間に合わないからだ。したがって行法に熟達しないうちは、一日三座の行は不可能だ。だから、日数をもっと延ばし、一日に「後夜」「初夜」の二座を行うのが普通である。

ともあれ、三日目から七日目までは、二日目と同じように「後夜」「日中」「初夜」の一日三座の行を行い、そのたびに不動真言五千二百五十遍を誦し、乳木百八支を燃やすのである。

そして七日目の「後夜」から、いよいよ一昼夜の断食に入る（わたしは水も飲まない）。最後の八日目には、「後夜」で真言百五十遍、「日中」に真言百遍を誦し、この結願《けちがん》の座である「日中」に、乳木八千枚を一挙に焚くのである。（「一挙に」といっても、全部一緒にまとめて焚くのではない。一枚一枚祈願を込め、真言を唱えながら護摩火にくべていくのである。したがって大変な時間がかかる。わたしで七時間くらいである）

このように丸七日間かけて合計二十一座の行をする。その二十一座の中に、不動真言を五千二百五十遍繰るのが十九座ある。したがってこの合計が九万九千七百五十回。これに八日目の二百五十遍を加えて、総計で十万遍の不動真言を繰ることになる。

八千枚護摩供とは、このような荒行である。いったん行に入ると、行者は休む暇も寝る暇もほとんどない。行の間中、不眠不休に等しい状態が続くのである。

ろくに物も食べず、毎日三座ずつ全身全霊を込めて不動真言を絶叫し、ゴウゴウと火を燃やし続ける。わたしの寺の乳木は普通のものより二回りも三回りも大きい。火は本堂の天井を焦がさんばかりに燃え上がる。その火に全身をあぶられる。行者の体力の消耗は、やったことのない人にはそれこそ想像を絶するものである。終わったときには、自分が一度に三、四十歳ほども年をとってしまったような気にさえなる。

実際、八千枚の乳木を焚いた後は、それだけでわたしの体重は、一挙に四、五キロも減ってしまうのだ。

夏には、まさに地獄そのものである。全身からしたたり落ちる汗で、肌着も法衣も滝に打たれたかのように、ビショビショになる。弟子たちがかわるがわる冷たいタオルで顔や手や首筋をぬぐってくれるのだが、それくらいでは焼け石に水だ。

目は霞み意識はもうろうとし、身体全体にとめどもなくけいれんが走る。手は力を失い、護摩火に入れる乳木をもつのがやっとのことで、その乳木の一本一本が鉄の塊のように、とてつもなく重く感じられる。

「ああ自分は、ここでこのまま死ぬのか」と思ったことも何度かあった。そのたびに「くじけてたまるか、ここで倒れてたまるか」と必死の気力を奮い立たせたのであった。そのときには気力で続けるよりほかなかったのだ。

こうして、わたしは何とかこの荒行をやり抜いてきた。

八千枚護摩はこのように、たとえようもなく苦しい行ではあるけれど、行をしていると自分の感覚が少しずつ鋭敏になってくるのがよくわかるのである。それまで眠っていた細胞が次々と目を覚ましていくかのように、いろいろなことが見えてくる。

終わった後には、行場全体にえもいわれぬ妙なる音楽が流れるのが耳に聴こえてくる。それを耳にして、天上の音楽とはこのようなものなのかと、その美しさにわたしは法悦歓喜の涙を何度流したことであろうか。

一章でお話しした、目の前の線香の灰がパタリと落ちる音が聴こえたり、一キロも二キロも先の家で作っている料理の匂いが、わたしの鼻先に漂ってくるのは、このようなときである。遠くの人がわたしの寺へお参りにいらっしゃるのが見えてきたり、そういった方がどのような悩みをもっていらっしゃるのかがわかるのも、このときがいちばん多い。
そして、その瞬間にわたしは、「ああ、行をやってよかった。苦しかったが負けずにやり遂げることができてよかった。苦労したかいがあった」と、つくづく思う。そうして、もう一度八千枚に挑戦しようと意欲を大きく盛りあがらせるのである。

このようにしてわたしは、二章で申しあげたように、今日までにこの八千枚護摩供を百回以上行っている。この回に入れない八千枚もある。それは、八千枚護摩の最中に、火が紙天蓋《てんがい》に燃え移り天蓋が落ちてしまったり、親戚などに不幸があったなどの知らせが入ったりしたときだ。このようなときには障りがあったとして、実践回数からはカットしている。

その中には、乳木一万枚を焚いたこともしばしばある。したがって八千枚護摩だけで焚いた護摩木は、これまでに合わせて八十五万枚ほどになる。あと十五万枚で百万枚だ。これに、ふだんの行で焚いている乳木を合わせると、これまでにわたしが焚いた護摩木は二百万枚ほどにもなろうかと思う。

日本の行者で、わたしほど八千枚護摩供をおやりになった方はいないのではないか、と思うのである。

八千枚護摩供で百万枚の護摩木を焚くまであと十五万枚。以前ほど若くはないわたしにとって、八千枚護摩供は、今度こそ本当にわたしの生命を落としかねない苦しい行ではあるけれど、何とか百万枚を行満《ぎょうまん》したいと思っている。それがわたしの悲願である。

3　わたしには呪う力もある

呪いも法力である

わたしの行には真言密教だけではなく、修験道の行もまじっている。このことは前に申しあげた。

一言でいうと真言密教の行は、端正である。理論にのっとってきちんと修法を行ってゆく。これに比べると修験道の行は荒々しい。第一、行場が霊山絶壁といった屋外である。自然に行そのものも自分の身体を酷使する激しいものになる。

しかし、わたしが学んできた修験道が真言密教といちばん違うのは、修験道には呪詛《じゅそ》(呪い)の要素が多く入っているという点である。呪詛とは文字通り相手を呪い殺すことだ。力のある行者に呪詛をかけられると、まず一〇〇パーセント助からない。かけられた相手は、死ぬか精神が破壊されて植物人間になってしまうのである。

二章でお話ししたように、鹿児島は昔からとくにそのような呪い合いが凄まじいところであった。伝え聞くところによれば、わたしの先祖も呪詛の力は相当なものであったらしい。記録が残っていないために、はっきりしたことはわからないのだが……。

わたしは、高校生のときまでにその修験の秘法を、父から口伝で全部教わった。これは最高の秘法であるため、その内容について詳しくはお話しできないが、だからわたしは呪う力ももっている。

わたしの行が強い（効き目があることを行が強いという）のは、わたしにそのような力があるためではないかと思うのだ。

その秘法を父から授かったとき、父はわたしに厳しくこういった。

「この法だけは絶対に使ってはならぬ。国家の危急存亡のときか、人類の危機とかいった本当に必要なとき以外に使ってはいけない。この法だけはおまえの中へしまっておき、しかるべき弟子ができたら口伝で伝授せよ。記録には一切残すな」――と。

記録に残さない――ということは、それがうっかり人目にふれて悪用されることを恐れるからだ。

法力のまったくない人が同じことをやってもムダだが、世の中には行をしなくても、自然にそのような霊力を身につけてしまう人がいる。そういう人に悪用されたら大変なことになるからだ。

人を呪わば穴二つというが、人を呪詛すると、必ず自分にはねかえるのである。直接自分には影響がない場合でも、自分の子孫に必ずその報いがくるのだ。人を呪詛してなおかつ報いを避けたかったら、その報いを自分一人で受けられるよう仏に祈願しつつ、子孫に累を及ぼさないよう、自らそのための修行をしながら命を断つしかない。

これも伝え聞いた話だが、呪詛で人を殺したわたしの先祖たちは、ある時期がくると、穴を掘り、子孫にたたりが残らぬよう仏に祈願し、経文を唱え鈴を振りながら静かに入定《にゅうじょう》したという。ここでいう入定とは土中に身を埋め、ミイラになることだ。人を呪うにはそれくらいの覚悟がいるのだ。

個人的にあいつが憎いからというだけで、絶対に呪ってはいけないのである。

実は、わたしは一度だけ呪ったことがある。

わたしが中学生の頃であったと思うが、近所に大きな犬がいた。その犬がわたしの愛犬にしょっちゅうかみつくのだ。家族の一員になっていた愛犬が毎日のようにその犬にかみつかれ、血を流して帰ってくる。まだ小さかったわたしは、アタマにきた。本当にその犬に対して腹がたったのである。そこでわたしは父から教えられた法で、その犬に呪いをかけた。三日三晩ほど、作法通り真剣にやった。

すると、呪い始めて四日目にその犬が死んだのである。自動車にひかれたのであった。

わたしが中学生の頃であり、そのうえ田舎だったから、自動車などめったに通らなかった。木炭車か三輪車がごくまれに通ったくらいであった。それなのにその犬は車にはねられて死んだのである。

それを知ってわたしは怖くなった。「もう二度とこんなことはしませんからお許しください」と、ひたすら毎日仏さまにお願いした。

それ以来、わたしは一度も呪詛したことはない。

一度だけこんなことがあった。

十年ほど前のことだ。あるテレビ局のプロデューサーとカメラマンがわたしのもとへ訪ねてきた。今度作るドラマの中に、行者が呪詛する場面があるのだが、呪いのやり方がわからない。あちらこちらいろいろ捜したのだが、できる人がいない。困っていたところへある人から「鹿児島に池口恵観というすごい法力をもった行者がいる。あの人ならできるのではないか」と聞かされた。ついては、行者が呪いをかけるところを実演して見せてくれないかというのであった。ドラマ作りの参考にしたいのだと……。

最初わたしはお断りした。わたしがやれば、どんな結果が出るかわからなかったからだ。うっかり真剣になったら、むかし呪殺された人の霊が甦らないともかぎらない。

しかし、そのプロデューサーは熱心な方であった。ほかにできる人がいない、形だけ、まねごとでいいから見せてほしいという。それでわたしも、格好だけならということで引き受けた。そして、泥人形を作り、それに五寸クギを打ちつけたり、護摩を焚きその護摩の火で泥人形を焼きながら、呪文を唱え印契や短刀でその人形を切るなどの呪法をお見せした。その間、二、三十分くらいであったろうと思う。その場は何事もなくおさまった。

ところが、である。

後で聞いたところによると、そのテレビ局のプロデューサーとカメラマンの子供が両方とも、ちょうどわたしが呪詛のまねごとをしているときに、突然、高熱を出して苦しみだしたというのだ。

わたしはそれを聞いてハッと思いあたった。テレビ局がドラマにしたいと題材にした物語の登場人物は、昔、実際に行者の呪詛を受け、高熱を出して亡くなっているのである。その人たちの霊が、わたしの格好だけの呪詛で呼び出されたものにちがいない。

わたしがその旨を二人に告げると、二人は顔を見合わせて「怖いですねえ」といっておられたものである。

わたしは、前にお話しした、中学の頃に犬を呪詛した以外は、真剣に呪いの法を行ったことは一度もない。しかし、やる方法は知っているし、やれるだけの力もある。知っておくといいこともあるのだ。

たとえば、誰かが呪詛にかけられた場合、それがわかり、その呪詛を解いてあげることができるのである。

呪詛にかけられると普通の行者や祈禱師ではまず解けない。かける方法を知らないと解く法がわからないからだ。呪詛にはかける法とそれを解く法がある。だから、それを知らないで呪詛にかけられた人を治そうとすると、とんでもないことが起こる場合がある。

「不動金縛り法」に似た呪法で、相手を身動きできないようにする呪いがある。それどころか、この呪いは経文を読めば読むほど身がしまる呪法である。呪いを取って楽にしてやろうとうっかり経文をいおうものなら、呪いをかけられた人はますます身がしまり苦しみだす。いま、この呪いをできる人はほとんどいないと思うが、そういう呪術がある。

この呪法にやられると、もちろん医者へ行ってもダメである。原因不明で終わりである。

結局おがみやさんに拝んでもらうことになる。ところがお経を読めば読むほど身がしまり苦しくなる呪いなのである。それを知らないおがみやさんが、病人を治そうと思って一生懸命に経文を唱え、拝めば拝むほど病人は苦しがり、死ぬ以上の苦しみに身悶《もだ》えすることになる。

このようなときには、まず、その呪いを解かなければいけない。呪法を知っていれば、相手がどの呪法でやられたかがわかり、その呪法を解くことができるのだ。

わたしはこれ以外にも、呪法をいろいろ知っているが、実際に使ったことは一度もない。また使うつもりもない。父から厳しく戒められたし、真言行者としては、やってはならないことだからである。しかし、逆にこの呪術は、うまく使うと多くの人を助けることができる。それで人を幸福にしてあげることができるのだ。

わたしは少なくとも自分がそのような力をもっているということで、みなさんを救う自分の法力にも、絶対の自信をもっている。

呪いはこの方法でやる

呪法を行う場合は、護摩の焚き方一つをとっても、普通の護摩とは作法がまったく違う。

護摩には、息災《そくさい》（安全無事を祈願する）、増益《ぞうやく》（利益が得られるよう祈願する）、敬愛《けいあい》（人から好かれるよう祈願する）、調伏《ちょうぶく》（悪人降伏《ごうぶく》を祈願する）の四つがあり、これを四種法というが、現在はほとんど息災で間に合わせている。わたしの護摩も息災護摩である。

息災護摩の場合は、炉の形は円形であり、護摩法を修する際には、行者も行場も法具もすべてをきれいな状態にして、仏さまをお迎えし、きれいな心でもてなして祈願をする。そしてふたたび帰っていただくという形である。

呪詛をする場合は、これとはまったく逆である。

行者も行場もすべて汚物でまみれさせたように汚なくする。護摩の炉からして不吉な三角炉だ。

昔は呪法をするとき、行者は自分の全身を真っ黒にしたものだ。法衣から下着まで、身につけるものはすべて黒づくめ。そればかりか、自分の歯も爪も、およそ白いところは全部黒くしたのである。姿は悪魔そのものだ。姿だけではない。心も悪魔になりきって、全身を憎悪で包んだのである。そして、粘土で人形を作り、その人形に呪う相手の名前を書き込み、呪文を唱え、「おのれ、殺さでおくものか」と憎悪の念を込めながら、その人形にクギを打ち込んでいく。その後、その人形を護摩の炉の中へ入れ、火を焚いて焼きながら、同じように呪文を唱え呪念をこめて、燃える人形を刀でスパッ、スパッと切っていったのである。

このときは護摩木も普通の乳木は使わない。毒木を使う。つまり、苦い木、トゲのある木、燃えるとイヤな臭いのする木などをボンボンくべる。供物は腐ったクギのような汚いものばかりだ。できるだけ汚なくして行をする。

全身黒づくめの姿といい、その作法といい、オゾ気をふるうようなものばかり。その姿はまさに悪魔そのものである。

このような行であるから、絶対に他人に見られてはならない。したがって呪詛をやるときは、行者は人目にはまったくふれない奥深い山などへ行き、そこに一週間なり十日間こもって、ひそかに呪詛を行ったのであった。

昔、鹿児島の行者の間では、このようなことがよくやられた。行者同士の凄まじい殺し合いが絶えず行われていたのである。

呪術にはＴＰＯ《ときところきかい》が非常に大切である。

だから呪術を行うときには、呪う相手がいちばん弱っているところを狙って憎念を送る。月の満ち欠け、潮の満ち引き、相手の生年月日による運、不運を徹底的に調査する。人間は満月のとき、満ち潮のときは生のエネルギーが強い。反対に新月のとき、引き潮のときはエネルギーが弱まる。満ち潮のとき生まれ、引き潮のときに死ぬのはこのためだ。強い弱いはその人が生まれた月、生まれた年によっても変わってくる。陰陽学、四柱推命学、占星術等さまざまな角度から、相手のエネルギーがいちばん弱まるのはいつかを、こと細かに調べあげるのである。

これはみなさんも覚えておかれるとよいと思うが、わたしの経験から申しあげると、人間は、自分の生まれ月から三か月間が凶運、次の五か月が盛運、そして次の四か月が吉凶相半ばするというサイクルで一年間を過ごす人が意外に多い。

つまり、もしあなたが三月一日生まれであれば、三月、四月、五月の三か月が凶運、六、七、八、九、十の五か月が盛運、十一、十二、一、二の四か月が吉凶半ばする月である。

もっともこれが逆になる場合がある。たとえばあなたが十月一日生まれだとすれば、普通は十、十一、十二の三か月凶運になるのだが、この逆、つまり時計の針の反対方向にあたる四月から始まり、四、五、六の三か月が凶、七、八、九、十、十一の五か月が盛、十二、一、二、三の四か月が吉凶半ばする――このようなケースもある。

このどちらでもない人も、たまにはいるが……。

みなさんは、ご自分の過去を振り返って思いあたられるフシはないであろうか。自分が凶運の時期はくれぐれもご注意いただきたい。

このように、呪詛を行うときには、相手のことをあらゆる面から詳細に調べあげ、相手に衰運、死運が表れているようないちばん弱まったところを狙って、「これでもか、これでもか」と集中的に呪いの念を送るのである。

その効き目は、十日間から二十一日間のうちに現れる。呪われた相手は、死ぬか発狂するか、白痴同然になるか、ともかく救われない。

この本にはそのアウトラインさえも紹介できないような、もっと凄惨な呪法もある。わたしはそのやり方も知っている。これは効果がさらに絶大である。

人を呪うには、これくらいエネルギーを集中させなければならないのである。生半可な行でできることではない。

しかし、そうはいっても、呪法とは、つまりは人を呪い、人を殺す秘法である。そのようなことを仏が許すはずがない。それがいかに、主君のため、大義のためであったとはいえ、本来仏である人間のなすべき行為ではない。それだからこそ人を呪殺した昔の行者は、その業を後世に残さぬため、子孫に災いが及ばないよう、その報いを一身に受けて仏からの許しを乞うため、穴に入り自らの生命を断ったのであった。

わたしは、前に申しあげたように、呪術を使うつもりは毛頭ない。また知ってはいても、それを使わなかったからこそ、いまのような法力を仏がわたしに授けてくれたのであろうと思う。

しかし、正直申しあげて、いまわたしは悩んでいる。わたしのこの呪力を後世に伝えるべきか、わたしの代で絶やすべきか、決めかねているのである。もちろん記録に残すわけにはいかない。伝えるのなら口伝である。となると、父がわたしにいった「しかるべき弟子」がわたしにできるのであるかどうか……。伝えるならば相手に相応の法力、人間の器がなければダメである。みだりに呪力を使うような人間には絶対にこの法は伝授できない。

それならば、いっそわたしの代で消すべきか。しかし、とそこで、わたしはまた考えてしまうのである。

もし絶やしたら、呪詛にかけられた人を誰が助けるのか――。呪法を知らなければ、それを解くこともできないではないか。行者の務めは、何をおいても苦しんでいる人を救うことだ。現にわたしは呪法を知っているからこそ、そのような先祖の因縁で苦しんでいる人たちを呪術を上回る法力で助けてきた。その法灯が絶えたらどうなるのだ――と。

しかし――、またわたしは思ってしまう。

呪法などというものは、ないのがいちばんよい。およそ人が人を呪うことほど、仏の教えにそむくものはない。呪法などを修法する時間があるならば、その間に真言行者として、さらに密教の行を積み、たとえ呪法を知らなくとも、それに打ち勝てるだけの法力を身につければよいではないか――と。

はたして、わたしの呪力を、仏の心でもって正しく継いでくれる人はいるのであろうか。

四章

日常生活の中の「行」

1　わたしと縁を持った人は必ず幸せになれる

弟子たちにはこう教えている

わたしの寺の行は、いろいろな事情から朝の十時頃に始める。

平川にある最福寺で、弟子や信者さんたちと一緒に不動護摩を焚くのである。

この護摩行が二時間ちょっとかかる。

護摩木を焚くときには、信者さんたちの祈願札も祈願成就を祈念して、一枚一枚ていねいに護摩木と一緒に炎の中に供えていく。この祈願札が多いときには三百枚にも四百枚にもなる。そのようなときには、行の時間はもっと延びる。終わるのが午後一時、二時というのもザラである。

わたしが護摩行をやっている間、弟子たちは、信者さんたちと一緒に、不動真言を繰る（いう）。

護摩行が二時間であれば二時間、三時間続けば三時間、不動真言だけを繰り返し繰り返し誦《しょう》するのである。

弟子は信者さんたちが真言を繰るリーダー役だ。それだからノドも張り裂けんばかりに、大声で真言を口から叩き出す。信者さんたちも、それに負けじと真言を絶叫する。

その横では、弟子が大太鼓を叩きこわすような勢いで打ち鳴らしている。太鼓の音で自分や信者さんたちの仏性を目覚めさせ、煩悩の炎や毒素を体の外へはじき出すためだ。

弟子や信者さんたちの絶叫と大太鼓の雄叫《おたけ》びが入りまじり、それが大きな本堂を揺るがさんばかりに響きわたる。ワァーンという何ともいえない音が本堂に反響し、その音同士が激しく空中でぶつかりあう。

このように行を続けるうちに、本堂にいる全員の呼吸が一つに融《と》け合い、本堂の中にピーンとした霊気が張りつめてくる。やがて、その呼吸が宇宙の呼吸と一体になり、本堂に満ちあふれた霊気が、宇宙の霊気と重なっていく……。

この瞬間が行の醍醐味《だいごみ》だ。

初めてわたしの行を見た方は、その凄まじさに仰天する。わたしも弟子も信者さんも、全員が火の玉のようになって祈る姿に圧倒されるのだ。行が終わると、初めての方はほとんどが、しばらくは呆然としている。

護摩行が終わるとわたしも弟子も汗みどろだ。しかし、ゆっくり休んでいる暇はない。一汗流すとすぐお加持に入る。護摩行がよほど早く終わらないかぎり、昼食は抜きである。いや、昼食は食べないことのほうが多い。

こういう具合だから、お加持が終わるのは、夕方の四時か五時だ。お加持を受ける人が多いときは、終わりが夜の七時、八時になることもザラである。お加持が終わるとやっと昼食（夕食？）だ。その後、弟子をまじえて信者さんとの懇談会に入る。一種の法話のようなものだ。わたしは正面切って講話をするのが苦手である。だからこのように雑談をしながら、その中にさりげなく法話を入れていく。

全部が終わると七時か八時頃である。

弟子たちは、翌朝は六時頃からその日の護摩壇作りを始める。その間、わたしは自坊で修法する。

——これがわたしの寺の一日のスケジュールだ。これが一年三百六十五日、休みなしに続くのである。日曜、祭日もない。いや休日は、寺へ加持を受けにくる信者さんの数が増えるから平日よりずっと忙しくなる。

したがってわたしの寺の行は、なまなかの人では続かない。わたしの寺へ弟子入りをしたいといって来る人はけっこう多い。しかし、残念ながらたいていの人がダメなのである。三日と続かない。

よその寺の僧侶の方が、修行にといってわたしの寺へみえることもあるが、ほとんどの人が一日だけでへばってしまう。ふだんちゃんとした行をされていないから、身体がついていかない。それで「もう結構です」といって自分の寺へお帰りになる。

自慢するわけではないが、それくらいにわたしの寺の行は厳しいのだ。

行の最中にしても、である。わたしは、弟子が少しでもたるんだ経文を読んだり、だらけた態度を見せると、すぐさま頭から水をかぶせる。護摩木を投げつける。閼伽《あか》（水）や塗香《づこう》（行者が身を清めるために身体につける香）の入った金属製の器を飛ばすこともある。

弟子たちが憎くてやるのではない。同じことを続けていると、人間は緊張感がなくなってくるものだ。同じ真言を何百遍も何千遍もぶっ通しで繰り返していたら必ずそうなる。そのときに刺激を与えてやるのである。水をかけたり、物を投げつけたりすると、そのショックでまた態度がピシッと締まる。そのとたんに、真言を誦する声にピーンとした張りが戻るのである。

それでもダメなときは、わたしはその弟子に手で回る合図をする。この合図を受けた弟子は、行が終わるまで信者さんのほうを向いて座っていなければならない。本当なら礼拝しなければならない本尊に自分の尻を向けて行をするのである。行者としてこれくらい恥ずかしくて惨めなことはない。

護摩行が終わった後、わたしは弟子に信者さんへの講話をさせるが、このときも、出来が悪いと何回でもやり直しをさせる。二回、三回、四回……同じ話を繰り返させる。弟子は泣きそうな顔になってくる。信者さんたちは気の毒そうな顔をして下を向いている。それでもちゃんとした講話ができるまでは続けさせる。

行とはそれほど厳しいものである。

わたしも小さい頃は、父からこのようにして行の厳しさを叩き込まれたものだ。

行場に入るとわたしの人相はガラリと変わるらしい。自分でいうのはおかしいかもしれないが、わたしのふだんの顔は柔和である（と自分では思っている）。それなのに行場へ入ったとたん鬼のような顔つきになると弟子がいう。わたしが本気でにらみつけると腰が抜けて足が立たなくなるというのである。

こういうと、中にはわたしの弟子への接し方は厳しすぎるのではないか、とおっしゃる方がいるかもしれない。しかし、わたしはそうおっしゃる方には、こう申しあげたいのである。甘い行などというものはありえない。行はどれだけ厳しくしても厳しすぎることはない。これくらいのことでくじけるようでは、一人前の行者にはなれないのだ——と。行者自身が苦しんで苦しんで苦しみ抜かなくて、どうして人の本当の苦しみを理解してあげることができるであろうか。

わたしの弟子でも、行の苦しさに耐えかねて途中で抜けた人は何人かいる。しかし、わたしは不幸にして、その人たちが行者として大成されたという話は聞いたことがない。

行とは祈ることであると同時に耐えることでもある。耐えて耐えて、また耐えてこそ、その後の実りも大きいのだ。このことは行だけにかぎった話ではない。あらゆる面についていえることだ。

わたしには、いまの日本全体がこの耐える心を忘れてしまったような気がして仕方がない。甘さばかりが蔓延《まん》して、お互い同士がその中にどっぷりとつかって、安逸をむさぼっているようだ。しかし、安逸の中からは繁栄の芽は絶対に出てこない。

耐えることを忘れてしまった日本人の心は、このまま崩れさってしまうのではないかと、わたしは憂える。

わたしの好きな歌に、

憂《う》きことの　さらにこのうえ　積《つ》もれかし
限《かぎ》りある身《み》の　力《ちから》ためさん

というのがあるが、本心から真剣にこのように思わないかぎり、人を助けるだけの力はとうてい身につかないと思うのである。

わたしの寺へ来る信者さんたちは、再三申しあげるように、みな悩みごとがあって、一生懸命拝む方ばかりである。大事な時間をかけて、一生懸命働いて得たお金をもっていらっしゃって、死に物狂いでお祈りをする。自分のすべてを捨てて仏の力を借りようとしているのだ。

行者がその信者さんの必死の霊気に負けているようでは、ダメである。行者が観音さまのようなにこやかでもの静かな感じであってはいけないのだ。不動明王のようないかめしい姿で、怒り（大悲）もあらわに、自分の全身をかけて、ぶちあたらなくてはならないのである。

経文でもきれいに読む必要はまったくない。それよりも相手からありがたがられるお経でなければならない。千円か二千円のお布施をいただいて相手から文句をいわれるような、ありがたみのない経文など読んではならないのである。それよりも、百万円もらって、一千万円もらって、それでも相手にありがたかったと思ってもらえるようなお経を読むことが大切である。圧縮した経文を自分の全身にギュウギュウ詰め込んで、自分の身体の毛穴の一つ一つから経文をほとばしり出させるのである。

行そのものは二時間ほどと短いが、この短い行の中に一日の縮図がある。一か月の縮図がある。いや、一年の、そして一生の縮図がある。

いつでも、どんな場合でも、人間には必ず怠け心が出るものだ。そんなとき、行の最中水をかぶせられてシャキッとしたように、自分で自分を引き締め、自分の駒にムチ打って頑張って前進する。またゆるんだら、また引き締める――この呼吸が人生には大切である。行場から出たとたんにその呼吸を忘れてしまうようでは、行をしてもほとんど意味がない。怠け心がおきたら自分で引き締めるという、その呼吸を行を通して覚えることが大事なのである。

わたしは、弟子たちにこのようなことをいって弟子たちを鍛える。弟子たちも倒れるまで真剣に行をするのである。

実際にわたしの弟子の一人は、わたしが八千枚護摩をやっている最中、その行場で死んでいる。その人は八千枚のとき、乳木百八支ずつを束にして次々とわたしに渡してくれる役目であったが、最後の一束がこない。不審に思ったわたしが振り返ってみると、その人は、わたしに渡す乳木を両手でしっかり握りわたしに差し出し、カッと眼を見開いたまま壇上で息絶えていたのである。

わたしは弟子たちにいつも「行者は行者らしく、修行しながら、みなさんの幸福を願いながら、行場で息絶えるのが本当の姿だ」と話している。そのために、この行者さんも、常日頃から「行者は行者らしく修行しながら息絶えるのが最高の幸せです」と、弟弟子《おとうとでし》や信者さんたちに話しておられた。まさにその本望を達成されたのである。

ここで改めてご冥福をお祈り申しあげたい。

信者さんとの対話から……

「先生、お布施はなんぼほどお払いしたらよかとですか」

わたしは信者さんからよくこう聞かれる。そしてそのたびに困ってしまう。それでこう答えることにしている。

「いくらでもいいですよ。ありがたいと思ったぶんだけお供えしてください」

しかし、こういっても相手はなかなか納得してくれない。相変わらず不審そうな顔である。

「標準があるとでしょうが……」

ますます困惑してわたしはいう。

「まあ、三千円とか五千円とか一万円、五万円、十万円いろいろあるようですがね」

こう申しあげると、相手は納得したようなしないような、いわくいいがたい表情でお帰りになる。

そんなバカなとお思いになるかもしれないが、実はわたしはお布施の中身を見たことがない。一日のお加持が終わるとお布施をまとめて、それをそっくり寺務のものに渡し、そのまま保管して、必要なときがくると適宜それを取り出すのである。

だからどなたがいくら包んでくださったのか、わたしにはさっぱりわからない。

これにはわけがある。わたしも人間だ。煩悩の多い凡愚の身である。万が一にも金額の多少によって、わたしの加持に影響力が出たとしたら、みなさん全員をお助けしなければならない行者として、わたしは失格である。だから間違ってもそのようなことのないよう自分で戒めているのだ。

したがってお布施の額を聞かれても、どう答えていいものやら、最初に述べた禅宗のコンニャク問答のようなことになってしまうのである。「ありがたいと思ってくださっただけでいい」――と。

しかし、わたしはそれでいいと思う。お布施はお医者さんの料金ではない。あくまでも「布施」である。だからお金のある人はお金でいいし、ない人は、たとえば、お寺の掃除をしていただくとか、自分の身体を使っていただいてもいい。極端な話「ありがとうございました」の一言でも立派なお布施だと思うのである。

みなさんがわたしの加持をお受けになって満足された、その満足感の分だけをお布施としていただければ結構なのである。加持を受けてもさっぱり効き目がなかったではないかと思われたら、お布施はなしでもいいのである。

ある信者さんは、わたしの加持で難病が治ったお礼だとして、わたしが八千枚護摩で使う乳木八千枚を一人で作ってくださった。大変な労力であったろうと思う。ありがたい話である。

毎日お寺の掃除をしてくださる信者さんもいる。昼食の準備をしてくださる信者さんもいる。みな無料奉仕である。まことにありがたいと思う。そして、これがお布施ではないかと思うのである。

わたしの寺にはいろいろな信者さんがいらっしゃるが、男性より女性のほうが圧倒的に多い。わたしは女性の信者さんに、よくこう申しあげる。

「どんなに高い白粉《おしろい》つけて、口紅つけとっても、心が満足してないときれいじゃないわ。心が満足して初めてお化粧ものってくるし、きれいになってくる。人間はもともとお化粧せんでもきれいなんだからね。それが汚く見えるのは心が満足していないからよ。

わたしのいう通りにしとけば、必ず心が満足して家も栄える。だまされたと思うてやってごらんなさい。六か月もしたら絶対変わる。わたしが変えてあげるから。自分が幸せだと思うようになるから。あなたがいま苦しんでいるのは、右へ行ったらええか、左へ行けばええのか、わからんからでしょう。それをわたしが教えてあげるからやってごらん。必ず幸福になるから」

わたしのところへ来る人は、最初は誰もが暗い顔つきだ。雰囲気も冷たい。みな悩みごとがあり、心が苦しみ身体がうめいているから、それが表へ出るのである。

しかしわたしのところへ二、三回も来ると、信者さんたちの表情はガラリと変わる。みなさんが明るくなるのだ。わたしがいう通りにやった人は、半年か一年のうちに、死ぬより辛い苦しみから抜け出して、幸せな生活を送れるようになる。

Yさんの家庭はご主人の身持ちが悪く、そのうえに怠けグセがつき、いつも夫婦げんかが絶えなかった。そんなふうであったから、生活は貧しく、親戚からも敬遠されて、Yさん一家とつき合おうという人はいなかった。

そのYさんがわたしのところへ来られて、わたしやわたしの信者さんたちと一緒に、熱心に行をされるようになった。それから半年もたった頃であろうか、ご主人の身持ちの悪さがピタリと直り、まじめに仕事に打ち込むようになったのである。そのうえ、それまで疎遠であった親戚も、自分たちのほうからYさんの家へ寄ってくるようになり、いろいろな物をくれるようになったそうである。

こんな例もあった。

Bさんは熱心な信者さんだが、わたしのところへ行に来だした頃は、その様子がどうもおかしかった。なにかオドオドした感じなのだ。聞いてみると、Bさんのご主人が大の宗教嫌いで、Bさんがわたしのところへ来ているのがご主人に知れるとひどく殴られる。それでご主人に内緒でこっそりわたしのところへ来ているというのであった。

その話を聞いて、わたしはBさんにこういった。

「ご主人に隠れて、こそこそ来なければならんようなら、無理して来られんでもええですよ。うちの寺は隠れてそっと来てもらうところじゃない。お祈りいうのは、きれいな心で真剣にやらんといけない。じめじめした心でお祈りをしていると下等霊が取り憑きますよ。下等霊（低級霊）は、ほこらとか汚いところ、暗いところに取り憑くでしょう。人間の心でも暗くて汚れていたら下等霊に取り憑かれますよ。そうなったら自分の考えはますます内向的になって、もっともっと惨めになる。そんなお祈りならせんでもよろしい。もし、おやりになるんなら、ご主人にはっきりそういって、自信をもってやりなさい」

わたしにこういわれても、Bさんはご主人に打ち明けられなかったらしい。そこでわたしはBさんに、同じことをもう一度強く申しあげた。それでBさんもやっと決心がついたらしく、ご主人に打ち明けた。はたしてご主人は激怒した。宗教なんか信じるバカがどこにいるか、というわけだ。しかし、Bさんは頑張ってわたしの寺へ通い続けた。

このようにして、一年ほどたった頃、ご主人がBさんにこういったそうである。

「おい。おまえが行っとる何とかというお坊さんのお寺、わしもいっぺん連れてってくれ」

このようなことがあって、Ｂさんのご主人にも信者さんになっていただいた。

わたしは行者というのは誰かが助けを求めて来たら、その人一人だけでなく、その人の家族全員を救えるくらいの力がなければいけないと思うのである。それができてこそ初めて本物の行者だといえるのだと……。

わたしの信者さんたちは、みな熱心にわたしと一緒に行をする。ずいぶん長年にわたって行を積んでいる人もいる。わたしはわたしの信者さんたちは、みな立派な行者だと思うのである。わたしは信者さんたちにも、弟子たちにいうのと同じことをいう。

わたしの寺の行だけが行ではない。ここで覚えた呼吸や心をみなさんの生活の中で生かさなければならない。それでなかったら、いつまでたってもみなさんは向上しないし、家も栄えない。幸福にもなれない。この行の心をふだんの生活の中にきちんと生かしたら、必ず心が満足して、幸福になれるのだ――とわたしは信者さんたちに申しあげている。

主婦が信仰心の厚い家は必ず栄える

家庭の主婦は一家の大黒柱である。

「嫁」という字は「女が家を背負う」と書く。その文字の通り、家庭というのは主婦、つまりお母さんを中心にして動いている。だからお母さんが暗いと、その家庭は必ず暗くなる。

　仮に父親がカーッとなって怒っても、子供は母親と話ができる。しかし、母親がヒステリーを起こしてふくれたら、子供は行き場所がなくなる。家中がじめじめした雰囲気になり、面白くなくなってくるのである。

　これとは反対に、お母さんが明るいと家の中まで明るくなる。明るいところに下等霊（低級霊）は近づかない。だから、お母さんがしっかりと強く明るい家庭は、子供たちも明るくのびやかになり、お父さんは仕事に邁《まい》進でき、家庭の雰囲気が幸せなものになる。

　わたしはまず、お母さん方に信仰心をもっていただきたいと思う。もちろんお父さんも大切だが、何といっても、子供たちと接する機会がいちばん大きいのはお母さんだ。お父さんは自営業の方はともかく、サラリーマンであれば、家にいる時間はほとんどない。子供に対する影響力は、お母さんのほうがはるかに大きい。

　お母さんが毎朝、毎晩、仏壇に向かってご先祖さまにお祈りをする。「おはようございます。今日一日お頼みします」「おやすみなさい。今日一日ありがとうございました」と。そういう姿を子供に見せてほしいと思うのである。子供に一緒にお祈りしなさいと強制しなくてもいい。まずお母さんが無心にそうすることだ。その姿が子供の心を打たないはずがない。

人間は誰もが仏性《ぶっしょう》をもっている。ただいろいろ妨げがあり、自分で気づいていないだけなのだ。だから、まずお母さんが祈る姿を見せることで、子供の仏心を目覚めさせてあげてほしいと願うのである。

そうしてから子供に、「ちょっとお茶あげてきて」「お供え物置いてきて」といえば、子供は素直に従うものだ。そしてお母さんの姿の見よう見まねで、仏さまにロウソクをつけお線香を立て、合掌するのである。お母さんが何もしないで、子供にやりなさいといっても子供は反発するだけだ。

お母さんがまず祈る姿を見せてこそ、子供はお母さんのいうことを素直に聞くようになる。このようにして、家庭の中に少しずつ幸福の輪を広げていってほしいと思うのだ。

このことは、後で申しあげる子供の育て方にとっても、非常に大切である。

わたしは、お母さんが祈る姿ほどこの世で美しいものはないと思う。人間の姿として、仏さまの前で無心に合掌するお母さんの姿以上に尊いものはないと思うのだ。

その姿が仏の心を打たないはずがない。

わたしは、わたしの全力を尽くして、その姿にこたえたい。何とかみなさんに幸せになってもらいたいのである。

一生懸命やっても報われることの少ない人がいる。相変わらず不幸が続く人がいる。わたしの信者さんの中にも、そのような人がいる。自分が前世に作った因縁や自分の先祖の因縁が残っていて、その報いで努力しても幸せになれない場合が多いのだ。

わたしは仏の力を借りて、その因縁を全部取ってあげたいのである。みなさん方がもっている宿業《しゅくごう》、因縁をわたしが全部引き受けて、それを護摩の火で焼き尽くし、みなさん全部に幸せになってほしいと思うのである。

わたしにはそれができる自信がある。わたしには仏さまがついていてくださるというたしかな思いがある。それだからみなさんを救ってさしあげられると思うのだ。わたしと縁のできた人は絶対に幸せにしてみせる。いや幸福になってもらわなくては困る――という一念でわたしは行を続けてきたし、これからもそうしたい。

悩みのある人、苦しんでいる人は、いつでもわたしのところへ来ていただきたい。そしてわたしの行をみなさんのその目で見ていただきたいのだ。そして、わたしと一緒に祈ってほしいのだ。そうすれば、みなさんは必ず幸せになる。いや、わたしと縁のできた人を幸せにしないでおくものか――わたしは心底からそう思っている。
（わたしの寺を訪ねてみたいという方のために、左へ住所を控えさせていただく。わたしの寺は年中無休である。いつでもお問い合わせいただきたい。
《烏帽子山・最福寺》
〒891―0133　鹿児島市平川町四八五〇―一

2　子供は人類の宝である

わたしのスパルタ式子育て法

わたしには三人の子供がいる。

わたしは、長男には、幼稚園へ行く前から厳しい行を指導してきた。わたしが子供の頃、父から教えられた行とほぼ同じことを、長男にもやらせたのである。

ヨチヨチ歩きを始めた頃から、「お茶をあげておいで」「お線香をつけておいで」といっては、少しずつ覚えさせた。わたしが父の姿を毎日見て自然と覚えたように、長男もわたしが行をするのを毎日目にしていた。だから、わたしのいうことを素直に聞いた。それがあたりまえの生活の一部だと思っているようであった。

幼稚園にあがる前には、修験の修行も覚えさせた。串木野の冠岳へ連れていき、岩清水での水行、仙人岩の断崖登り（これはさすがに幼児には無理で、わたしが長男を背負って登ったが）、岩の上で護摩木を焚く護摩行、切りたった絶壁の端で絶壁に背を向けて座禅を組み、その前へ大刀を突き立てる「刀岳《とうがく》の禅」——と、大の大人でも思わず足がすくむ荒行を何度もやらせた。

その頃の修行の様子は、当時の月刊『文藝春秋』（昭和四十四年十一月号）に「タッタ五歳ですが……」というタイトルのグラビアで紹介されている。ほぼ同じ頃に中南米の週刊紙でも、この〝子連れ修行〟の様子が写真入りで大きく報道された。わたしが父から教わったように、長男にも行を身体で覚えさせたのであった。

長男は右手の親指と人差指のつけ根のところにヤケドの跡がある。

長男が幼稚園のときのことであった。わたしが護摩行をやるときは、長男はわたしの横に座り、印を結び不動真言を唱える。その最中のことであった。ふと気がつくと、長男が身を小きざみに震わせながら泣いている。泣きながらも印をしっかり結び「なうまくさんまんだ……」を繰り返している。その印を結んだ手がブルブル震えている。わたしが見てみると、印契を結んだ右手の指のつけ根のところに護摩の火が落ちて燃えているのである。

長男はいつもわたしから、真言が終わるまでは絶対に印契は解くな、何があっても解いてはならん、ときつく戒められていた。行中にちょっとでもだらけたり、遊びたそうな素振りを見せると、わたしのゲンコが飛んだ。頭から水をかけられた。そのように厳しくしつけられていた。だから、そのときもわたしに叱られると思ったのであろう。火種を振り落とすこともならず、熱いのを、痛いのを我慢して、印をしっかり結び、泣きながら、全身を震わせながら、行を続けているのであった。

はたから見れば、いたいけな子供を痛めつけて何ということを、とお思いになることだろう。しかし、何度も申しあげるように、それが行者の行なのだ。いま思えば痛ましいという気持ちがする。けれども、行の最中はわたしも夢中であった。その頃はわたし自身としても、最も激しい行をしていたときであった。

それに前に述べたように、わたしの家系では七歳になるまでに、一通りの修法を教え込む家風である。長男には行者になる才能があり自分にやる気があるのなら、十九代目を継ぐ役割りがある。わたしとしては、少しでも早く長男に行法を覚えさせたかった。

わたしの父がわたしにしたように、行の厳しさと辛さ、そして大切さとすばらしさを自分の身体で知ってほしかったのである。小さな手が護摩の火に焼かれたときは、痛かったろうと思う。熱かったことであろうと思う。しかし、長男はそれに耐えた。

その後も、そのような厳しい行が続いたが、後になって、「修行は苦しかったけど、いまでは行者というのはすばらしいものだという誇りを感じてます」といってくれたものだ。わたしはうれしかった。

長男が小学校を卒業するとき、卒業記念に生徒全員で文集を作った。その中に『三〇歳の「ぼく？　わたし？」』というのがあり、生徒たちが三十歳になったときの自分の姿をいろいろに想像して書いている。

野球の選手になっているとか、パイロットだとか、会社の社長になっているとか、ノーベル賞をもらっているとか、他の子供は書いていたが、わたしの長男のところにはこうあった。

「ザザーッ」

僕は、今滝でおぼうさんの修行をしている

小学生の頃から長男にはそのような気持ちが身にしみついていたのであろう。

長男に比べると、わたしは娘二人にはほとんど何もしていない。もともと行者にするつもりはなかったし、特別の行は教えてはいない。しかし、そういう家風の中で育っているから何かは彼女たちの心の中に入っているはずだと思う。

こんなことがあった。長女が十歳のときのことである。わたしに手紙をくれた。その手紙には『父とたいこ』という題名がついて、こんな内容であった。

二月二十四日　星まつり。　珠玉《タマ》より

今日はたいこの音がするから見てみると父だった。

熱心な父、たいこをたたいている父、生まれて初めて見た。

父のたいこの音、ふつうのじょうずな人より何かちがう。

心にしみてくるたいこの音。

私はこのたいこの音にひかれて、ずっと初めから終りまでおきょうをいった。

こころにしみるたいこの音。生まれて初めてきいた。

池口恵観様

わたしは娘がわたしにくれたこの手紙が無性にうれしかった。当日のわたしの日記にはこう書いてある。

「今日の法要後、珠玉君（長女の名前）がくれた手紙、実にうれしかった。頑張らなくっちゃ‼」

娘がわたしの行をわかってくれた――という喜びで、それまで長い道のりを歩いてきた人生の辛さ、行の苦しさが一挙に吹っ飛んだように思えたのである。

次女のほうは、どちらかといえばひょうきんな子で、マンガが大好きだった。幼稚園の頃には、「南無キャンディキャンディ」だとか「南無ドラえもん」「南無おばQ」とか、マンガの主人公に「南無」（帰依しますという意味）をつけて呼び、わたしを笑わせてくれたものだ。

子供は七歳までにすべてが決まる

鹿児島市の名所に城山がある。

西郷隆盛で有名なところだ。みなさんも名前くらいは聞かれたことがおありだろう。

先日、わたしがその城山を歩いていたときのことである。若いお母さんが、四、五歳くらいの男の子を叱っていた。どうやら子供が取ってはいけない花を取ったらしい。それをお母さんが叱っている様子だ。

わたしはこの光景を目にして、思わず考えさせられた。

子供が悪いことをしたときに、親が叱るのはあたりまえだ。しかし、いまの若いお父さん、お母さん方は、その叱り方に問題があるのではないか、と思ったのである。

いまの若いお父さん、お母さんは民主主義教育で育っているせいか、必要以上に子供におもねる傾向があるのではないか。

たとえば、子供がお茶をこぼしたとき、いまのお母さんは、「○○ちゃん、どうしてお茶をこぼしたの？　こんなことしていいと思う？　悪いと思う？」というふうに叱る。みなさんもそうではないだろうか。

昔の親の叱り方は違っていた。「花壇へ入っちゃいかん！」ピシッ！「お茶をこぼすな！」ピシッ！。このようにピシャリと叱りつけたものである。

いまはこのような叱り方をする親はあまりいない。

昔のやり方は見た目には、一方的であり権威主義的であるようにみえる。いまのやり方は、子供の意思、主体性を尊重していて民主主義的であるようにみえる。

しかし、本当にそうなのであろうか。わたしはそうではないと思う。

ある物事がよいのか悪いのか、正しいのか間違っているのかを判断するには、判断できるだけの智恵がいる。わずか四、五歳の子供にそれだけの智恵があるだろうか。よほど特別の子供以外はまず無理である。その智恵を子供につけてやるのが親の責任ではないか。問題はその智恵のつけ方だ。

いまの若いお父さん、お母さんはその智恵を理屈でつけさせようとする。「○○ちゃん、これはこうだからやっちゃいけないのよ」というふうに頭でわからせようとする。これではダメだとわたしは思うのである。

子供の頭はそれほど論理的にはできていない。その場で納得したふうにみえても、じきに忘れてしまうものだ。

子供を叱るときには理屈で叱っても効果はうすい。それよりも、悪いことなのだということを、子供の心に、身体に覚え込ませるほうが、よほど効き目が強い。子供が間違ったことをしたときには、「いけない！」といってピシャリと叱ってやるのがいちばんよいのである。

子供がお茶をこぼしたとき、いいことなのか悪いことなのか子供にそれがわかろうはずがない。いい悪いはもっと大きくなれば、自然にわかることだ。だから、小さいときには、理屈抜きで「お茶をこぼしてはいけない」と覚え込ませることである。

花壇に入ったら、とにかくこういう垣根のあるところへは入ってはいけないのだということを覚え込ませるのである。入ってはいけないと書いてあるといっても、四つか五つの子供に読めるわけがないのだから……。

なぜわたしがこのようなことを申しあげるかというと、人間の性格は、七歳頃までにほぼ固まってしまうのではないかと思うからだ。それ以後は少しずつ変化はするけれども、それほど大きく変わるものではない。したがって、この時期のしつけが非常に大切なのである。

子供の頭脳や精神はたいへん柔軟性に富んでいる。七歳頃までに教え込まれたものは、子供の深層心理に入り込み一生を通じてその人に残る。表向きは忘れたように見えても、何かの拍子に表へ出てくるものである。

わたしの寺で七歳までに一通りの修法を覚えさせると申しあげたのも、そのためである。子供の柔らかい頭脳と精神に、行の厳しさ、大切さを、心と身体を通してしみ込ませるために行をさせるのである。

子供のときに、厳しく叱っておくと、叱られたときのお父さん、お母さんの声が子供の記憶の底に焼きつけられる。だから、十四、五歳になっても、同じように叱られると、深層心理に組み込まれた記憶が反応し、子供はビクッとするのである。


子供に何事も理屈で教えようとすると、大きくなってからの反応が逆になる。小さいうちはそれでもいいかもしれないが、大きくなるにつれ、何でも理屈でいい返すようになり、親が叱っても「うるさい！」と思うだけで、親の心が子供の心にまで到達しない。これは幼児の頃に心や身体で教えようとしなかったため、子供の心の中に親の声に反応するものが何もできていないからである。

だから、わたしはまだ何も知らない幼児の頃に、やっていいこと、いけないことのけじめを、理屈ではなく、子供の心と身体で覚えさせることが、子供の将来にとってたいへん大切ではないかと思うのである。

前の節で、お母さんの祈る姿を子供に見せてあげてほしいとお願いしたのも、これと同じ理由によるものだ。祈ることの美しさ、すばらしさ、大切さを幼児の心の底に焼きつけてほしいのである。

わたしは行の最中、弟子がたるんでくると、水をかけたりしてシャキッとさせると申しあげた。

これは子供の育て方でも同じだと思う。まったく刺激を受けない子供は、ひ弱な子供になってしまう。神経や細胞がぐんぐん成長していくいちばん感じやすい時期に、お父さんやお母さんが適切な刺激を与えてやり、子供の心に節目、節目を作ってやることが大切だと思うのである。

「かわいい子には旅をさせよ」とは、つまりそうすることによって、子供の心に節目を作ってやることなのだ。それをしておかないと、子供が成長し反抗期に入ったとき、手がつけられなくなる。そのときになって後悔しても、もはや手遅れである。

お母さん方へ申しあげたいこと

前にわたしは「けじめ」ということを申しあげたが、子供にけじめを覚えさせる最もよい方法は「あいさつ」である。

おはようございます。行ってまいります。ただいま帰りました。いただきます。ごちそうさまでした。ありがとうございます。こんにちは。さようなら。おやすみなさい……。このような毎日のあいさつがきちんとできるようにしつけることである。

ところが悲しいことに、最近の子供は、この簡単なあいさつさえ満足にできないようである。

わたしが知人の家へ行っても、子供たちは親の身体に隠れるようにして、わたしのほうをじっとうかがっているだけで、わたしが「こんにちは」といってもあいさつが返ってこない。

これはわたしの法衣姿が珍しいためかと思って親に聞いてみると、誰に対してもそうだという。「あいさつをしなさい」といっても「そんなもん知らんもーん」といって逃げてしまうというのである。

学校から帰っても「ただいま」ともいわずに表へ飛び出してしまう。気がついたら玄関に鞄《かばん》だけが転がっているということもしょっちゅうらしい。

わたしはこれではいけないと思う。あいさつをきちんとするのは、他人に対する礼儀を覚えるというだけのことではない。あいさつをすることにより、そのとき、その場で自分の心に刺激を与え、自分の心を引き締めることになる。あいさつの一つ一つが、毎日の生活の節目、節目を作っている。と同時に、それが親子をはじめ、いろいろな人間同士のコミュニケーションの基本にもなる。

あいさつをきちんとできる子は、自然と伸びやかに明るくなるものだし、反対にあいさつのできない子は、暗く内向的になるか、だらしのない子になってしまう。あいさつ一つが子供の将来に大きく影響するのである。

お母さん方の中には、あいさつやしつけは幼稚園や学校の先生にまかせてあるから、という人もいらっしゃるかもしれない。しかし、それでは子供のためにならないとわたしは思う。

たしかに、幼稚園や学校でもあいさつの仕方やしつけは習うであろう。だが、考えていただきたい。幼稚園や学校では、先生は一人である。これに対して生徒はたくさんいる。生徒の全部に先生の目が細かくゆき届くであろうか。それに、先生方には失礼かもしれないが、先生の力量にも差がある。いい先生につけばよいが、そうでない場合はどうであろうか。

先日わたしは東京へ行った折、都内のある小学校の前を通りかかった。午前八時前のことであった。

ふと校門に目をやると、ネクタイを締めた五十年輩の紳士が校門のところに立っており、登校してくる生徒一人一人にあいさつをしたり話しかけたりしている。わたしは誰だろうと不思議に思い、その紳士に近づき聞いてみた。

その人はその小学校の校長であった。校長がいうには、自分は最近この学校の校長になったばかりだが、生徒があいさつを知らず礼儀もよくない。それで生徒たちがあいさつができ、少しでも礼儀正しくなるように、こうして毎朝登校時に校門に立ち、登校してくる生徒たちにあいさつをし、話しかけているということであった。

話を聞いてわたしは感心した。このような教育者がいたのかとうれしくなった。

しかし——次の瞬間わたしのうれしさは音をたてて崩れ落ちたのであった。

生徒たちにまじって先生方も登校してくる。ところが、先生方は、校門の校長には目もくれずさっさと学校の中へ入っていってしまう。生徒に二、三話しかける先生はいたが、校長には言葉一つかけようとしないのである。わたしは、それを見てガク然とした。このような先生に、子供にあいさつの仕方を、ひいては人間の心を教える資格があるのだろうか。

これは日教組がどうの教育委員会がどうのという問題ではない。先生一人ずつの人間としての問題ではないか。

先生にも一人一人差がある。しかも一人の先生が一人の子供に長くつき合うわけではない。せいぜい一、二年であろう。その点、お母さんは違う。よほどのことがないかぎり、自分の子供とは一生つき合うのである。勉強や学問はともかく、子供のしつけ、子供の心の問題については、お母さんがいちばん知っている。だから、お母さんがきちんとしてやらなくてはいけないと思うのである。「先生が悪いから」といっているようでは、結局、いちばん救われないのは自分の子供である。

最後に、お母さん方に、もう一つだけお願いがある。

それは、子供たちの前で絶対にお父さんの悪口をいってはいけないということである。たとえどんなに怠け者でグウタラなご主人であっても、その悪口を子供たちの前でいってはいけない。同じように、お父さんも子供たちの前では、お母さんの悪口をいってはならない。

子供は敏感だ。お母さんがお父さんの悪口ばかりいっていると、いつもお母さんと一緒にいる子供は、自分もそのように思ってしまう。自分の父親はダメな父親なのだと思い込んでしまう。これはその家庭にとって将来大きな禍根を残すことになる。

お母さんがいくら叱っても、子供に効き目がないときがある。そのような場合、お母さんが「お父さんにいいつけますよ」と子供にいい、お父さんが子供に一喝くらわせる。それで子供のわがままがピタリと治まるのが理想的だ。ふだんは子供と一緒に遊んでいるお父さんでも、いざというときには、それくらいの威厳が必要である。

ところが、お母さんが平素からお父さんの悪口ばかりいっていると、その切り札が効かなくなる。それでも子供が小さいときは父親のいうことを聞くだろうが、これは本心から父親に心服しているからではない。ただゲンコが怖いからいうことを聞くのである。したがって、子供が大きくなるにつれて父親の威厳は失われ、やがてまったく親のいうことを聞かない子供になってしまう。

そうしないためには、お母さんが日頃から子供たちに父親の偉さ、立派さを教え込んでおかなければならない。

子供の前ではできるだけご主人の悪口をいわないようにし、ご主人への文句は、子供の目や耳のないところでいうのが、明るい家庭を作るうえで大切なことだと思うのである。

わたしがこれまで申し述べてきたように、家庭を幸福に繁栄させるか、暗い不幸なものにするかのカギは、お母さんが握っている。たとえそれほどお金はなくとも、お母さんが強くて明るい家庭は幸福である。家族全員の心が満足するからだ。いくらお金があっても、お母さんが弱くて暗い家庭は不幸である。家族全員の心が満足しないからだ。

わたしは日本全国の、いや世界中の、全宇宙のお母さん方に、強くて明るくて美しいお母さんになってほしいと、心から願うのである。

子供は宇宙からの預り物である

みなさんはお米を作ることができるだろうか――。

こう聞くと、根っからの都会育ちで稲を見たこともない人ならともかく、そうでない人は、たぶん「できる」とお答えになるにちがいないと思う。

種をまき、苗を植え、肥料をやり、害虫を取り除き、稲になったら刈り取ればいい、とおっしゃるだろう。

残念だが、それではお米を作ったとはいえない。それはただお米を栽培したというにすぎない。

何やらクイズめいて恐縮だが、米を作るということは、どういうことであろうか。

いったい米は何からできるのであろうか。

答えは――いうまでもなく「種」である。

それでは、もう一度お聞きするが、みなさんは種をお作りになることができるであろうか。答えは、むろん「ノー」である。人間の力で種を作り出すことは不可能だ。

子供についても同じことがいえる。

言葉では「子供を作る」「子供を作らない」というし、親子げんかをした折などには「勝手に産んどいて」とか「好きで産んだわけじゃない」などとやり合うが、これは間違いである。

子供はお父さんとお母さんが作ったのではない。

お米と同じで、お父さん、お母さんは子供を作るのに手を貸しただけである。もともとの種は、宇宙がわたしたちに授けてくれたものだ。お父さんとお母さんは、その種が人間になるお手伝いをし、その後、一人前になるまで〝栽培〟するのだ。

子供の本当の親は、宇宙の大霊、宇宙そのものである。わたしたち人間の親は宇宙である。生きとし生けるものすべての本当の親は、宇宙の大霊である。

したがって、子供というのは、宇宙の意思が生み出した、わたしたちにとっての宝である。自分の子供であるとか、他人の子供であるとかいった区別は一切ない。

宇宙から預かったものだからこそ、手をかけて大事に育《はぐく》み、再び宇宙へ帰れるようにしてやらなければならない。

一方、子供のほうも、ひょっとしたら種のまま終わっていたかもしれない自分に、生命を与え、水をやり、日の光をふり注がせ、ちゃんとした人間にしてくれた自分の両親、ひいては先祖に深い感謝の気持ちをもたなくてはならないのである。そして自分を生かしてくれた宇宙の意思を尊重し、この世にあるかぎり自分にできる全力を尽くさなくてはならない。

人間は生きているのではない。生かさせていただいているのだ。それをありがたいと思う心の謙虚さが必要だ、とわたしは思う。

宇宙にはリズムがあることは、前に申しあげた。人間は、その宇宙のリズムにのって生まれ、宇宙のリズムにのって生き、宇宙のリズムにのって死んでゆく。宇宙のリズムと自分のリズムが合わないときに苦しみ、宇宙のリズムと自分のリズムが合ったときには幸福になる。

秀れた芸術作品がある。ベートーベンでもシェイクスピアでもミケランジェロでもよい。

彼らの作品が何百年という星霜を経て、なぜいまでも人の心を打つのであろうか。なぜ人を感動させるのであろうか。

美しいから、人の心をつかんでいるから、人間の真理をついているから……理由はたちどころに百でも二百でも並ぶはずだ。

しかし、わたしは、それらの理由はすべて枝葉末節的なものだと思う。

これらの作品（古典）が幾星霜を経て、万人の心をとらえる本当の理由はただ一つ、その作品が宇宙のリズムに合っているからである。言葉を変えれば、ベートーベンなりシェイクスピアなり、ミケランジェロが、宇宙と直接呼吸を交わし、自分のリズムを寸分たがわず宇宙のリズムに合わせることで、彼らの作品を作り出した（正確にいえば、宇宙の意思で生み出された）からである。

わたしたちが彼らの作品を見たり、読んだり、聞いたりするたびに、彼らの作品がもつ大宇宙《マクロコスモス》のリズムに、小宇宙《ミクロコスモス》であるわたしたちの内部に潜んでいる、わたしたち本来のリズムが激しく共鳴し、魂を震わせるような感動を呼び覚ますのである。その瞬間、わたしたちは、それらの作品を媒介にして宇宙と一体化するのだ。

これが古典が永遠に古典であり続ける基本的なメカニズムであろうとわたしは思う。

このように、わたしたちは宇宙から生命をいただき生かされている。

小宇宙であるわたしたちの内部には、おびただしい量の宇宙のエネルギーが貯えられている。宇宙からエネルギーを与えられて生まれてきている。ただそれが仏教でいう貪《とん》（むさぼり＝何でもほしがる気持ち）、瞋《しん》（いかり＝ほしいものが手に入らないので怒る気持ち）、痴《ち》（愚かさ＝ほしいものが手に入らないため怒るから真実がわからなくなる気持ち）の「三毒《さんどく》」におおわれているため、自分にはわからないのである。

宇宙のエネルギーは外へ出たがっているのだ。外へ出てその力でわたしたちを助けたがっているのだ。わたしたち自身が自分のもっている力に気がついて、早く正しい方向に解放してほしいと、エネルギーは叫んでいるのである。

だから、正しい方法で正しい方向へそのエネルギーを出してやれば、「法力」のようなすぐれた力を発揮することも可能なのである。（三章で述べた「三密加持」がこれである）

宇宙から生命を与えられたばかりの子供には、そのエネルギーが多量に貯えられている。やがて、子供が成長するとともに、貯えられたエネルギーは出口を求めて活発な活動を始める。タケノコがどこにでも飛び込んで芽を出すように、泉の水がコンコンとわき出て尽きないように、そのエネルギーはとどまるところを知らず、厚い鉄板をもぶち破るような勢いで吹き出してくる。

それがスポーツなどで発散できる場合はまだよい。出口が見つからないとエネルギーは暴走を始める。その結果、子供たちが暴力沙汰や非行問題をひんぱんに起こしていることは、みなさんがよくご存じの通りである。

いったい誰が彼らに、エネルギーの正しい制御の仕方を教えてやれるのであろうか。誰がそのエネルギーを正しい方向に導いてやれるのであろうか。彼らに、そのエネルギーは自分のものではないのだ、宇宙が君たちに与えてくれたかけがえのない大切な力の元なのだということを、誰が教えてやれるのであろうか。

エネルギーに理屈は通用しない。だから彼らにいくら理屈をいって頭脳でわからせようとしてもダメである。肉体で、心で、魂で彼らに語り、教えてやらなくてはならない。

わたしは、いまの学校教育にそのような場のないことを深く悲しむ。

いまの学校教育は、どちらかといえば、現実の世界を生きていくうえで最低限必要な知識を与える方面の勉学が重視されている。言葉を変えれば、実践の知恵、科学の知恵を磨く場になっている。これはこれで大切なことだ。しかし、それだけで、本当によいのであろうか。

もしそれでよいとするならば、現実の世界を生きていくうえで知識よりもずっと大切な心――つまりが人間が人間らしく生きるという、あらゆる知恵の中でも最高の知恵を、子供たちはどこで学んだらよいのであろうか。

3　こうすればあなたの運は必ず開ける

先祖供養こそ開運のパスポート

人には、なぜ、運・不運があるのであろうか。

飛行機事故で死ぬ人があれば、直前にキャンセルをして助かる人がいる。宝クジを初めて買って一千万円が当たる人がいれば、何回買ってもダメな人がいる。

なぜこのようなことが起きるのであろうか。

いろいろ理由は考えられようが、わたしは一つには、その人が先祖供養をちゃんとしているかどうかに、大きな原因があると思うのである。

植物は栄養分を根から吸い上げ、その栄養分を幹や茎を通して枝に送り、葉を繁らせ花を咲かせる。

わたしたち人間の根っこは先祖である。先祖がいたからこそ、いまわたしたちはこうして生きていられる。根っこが栄養分を吸い上げることができないと、その木は枯れてしまうように、先祖に栄養分が足りないと、わたしたちも立ち枯れてしまう。車にはねられるとか、階段から足を踏みはずすとか、お金を落としてしまうとか、いろいろな障害が起きてくるのである。

先祖に十分な栄養を与えるのが、先祖供養なのである。先祖供養はただ先祖のためにだけやるのではない。供養をきちんとすれば先祖は満足する。満足した先祖が今度はあなたやあなたの子孫を助けてくれるのである。

わたしたちの先祖は数限りなくいる。だから先祖の全部がよいことばかりした善人であるとはかぎらない。中には一人くらい極悪人がいたかもしれない。ふつうの悪人（？）ならかなりいたことだろう。そんな先祖の中には成仏できず、いまだに下等霊のまま、悔やみ泣いている人もいるにちがいない。

そのような下等霊（低級霊）となった先祖は、ちゃんと供養して成仏させてやらないと、「助けてほしい、成仏させてほしい」とあなたにすがりついてくる。

そのような霊に取り憑かれていては、幸福はどんどん逃げてしまう。だからみなさんが悪いことをした先祖に代わって功徳を積んでやり、供養をして、先祖に十分な栄養を与えてやるのである。

これを追善供養《ついぜんくよう》というが、こうすることで先祖の不浄霊、下級霊を成仏させてやるのである。こうして先祖から自分の代にまで及んでいる因縁を断ち切ってしまうのだ。

そうすると、あなたの手で成仏した霊は喜んで、今度はあなたの守護霊となり、あなたを守ってくれるようになる。

そっちへ行けば石があるよ、その飛行機に乗ると危ないよ、こっちは悪いヤツがいるからあっちへ行きなさい――と、あなた自身が知らないうちに、あなたには見えないうちに、あなたを守ってくれるのである。

同じ先祖でも、あなたを守ってくれる守護霊と、あなたの足を引っ張る下等霊とでは、天と地ほどの差がある。

水子霊についても同じことがいえる。流産にせよ中絶にせよ、せっかくこの世に生命を授かりながら、陽の目も見ずに、ふたたび黄泉《よみ》の国へ帰っていかなければならない水子ほどかわいそうなものはない。ほとんどの水子霊が行くあてもなくさまよい歩き、自分を水子にした親に「助けてほしい、何とかしてほしい」とすがりつくのである。

そして、その報いが子供に現れる。

本当なら兄弟姉妹として仲よく楽しく生きるはずだったのに、片方は人間として生まれて楽しい生活を送っているのに、自分はこのように水子霊となり、行くあてもなく霊界をさすらわなければならない――このような悲しい思いが、本来なら兄弟姉妹になっているはずの子供にのりうつり、子供に障害が起きるのである。

もしみなさんのお子さんが、理由もないのに高熱を出したり、不慮の事故にあったりした場合、自分に思いあたるフシはないか、胸に手をあててよく考えていただきたい。ご夫婦だけの間のこととはかぎらない。そしてもし、思いあたることがあるのなら入念に水子供養をしていただきたい。

それがあなたのお子さんを幸福にする道である。

ハガキでもいただければ、わたしの寺でねんごろにお供養させていただく。

幸運をつかむには、過去の因縁を断つために、先祖供養、水子供養をきちんとやり、自分の守護霊をたくさんもつことが第一である。

先祖供養はこうしてやる

先祖供養といってもむずかしいことではない。毎朝、毎晩、仏壇にお線香とロウソクをたて水をあげてお祈りをする。それで、たとえば隣の家からミカンをもらったら、「お隣りからこれをもらいました。どうぞ召しあがってください」といって仏前に供える。珍しいお菓子を買ってきたら、「こんなものがあったから買ってきました。おひとつどうぞ」と仏さまにさしあげる。それをみなさんが真心をこめておやりになればよい。いつもお坊さんを呼んで、形ばかりの長ったらしいお経など読んでもらうことはないのである。

みなさんが、ご先祖さまに感謝する気持ちを、そのように身体と言葉と心で表す（これが三章でお話した身語意《しんごい》の「三密《さんみつ》」である）、それがいちばんの供養である。

わたしたちの身体には無数の細胞があるが、その一つ一つが全部わたしたちの先祖である。血の一滴、肉の一片、骨の一かけら、そのすべてが先祖からのいただきものだ。したがって、先祖を供養し先祖が満足するということは、その細胞の一つ一つが満足し活性化するということである。それまで栄養不足で眠っていた細胞が目覚めるのだ。そうなると、それまでわからなかったことがわかってくる、他人にできないことができるようになるのである。みなさんから栄養をいただき目覚めた（成仏した）先祖が、自分の智恵をみなさんに貸してくれるのだ。

しかし、いまは核家族とかで、家庭に仏壇のない家が多い。とくに団地とかアパートであると、狭くて仏壇など置けないという人が多い。これでは自分の幸運を自分から逃がしてしまっているようなものだ。

仏壇は大きければいいというものではない。いくら大きくて立派な仏壇であっても、放りっぱなしでクモの巣が張っているようでは、それこそ下等霊の格好の住みかとなる。

仏壇は小さくてもいい。いや、仏壇などなくてもいいのだ。托鉢時代にわたしがやったように、小さな箱に半紙を張り、その上に本尊と「○○家先祖代々之諸霊」と書いた位牌を置いて、その前にお水をあげて線香とロウソクを立て、朝夕礼拝すればよいのである。

これはお墓についても同じである。

お墓は朝の生き生きした太陽の光をサンサンと受ける場所に作る。そして、いつも清潔にしておくことが大切である。暗いジメジメした湿気の多いところでは、先ほどと同じで、たちまち下等霊が住みついてしまう。もしみなさんの先祖のお墓がそのようなところにあるのなら、お墓参りを丹念にして、掃除をきちんとして、きれいな状態にしてあげることだ。

このように、いつもご先祖さまと気持ちを通い合わせることが大事である。

わたしは、平川に最福寺を造ったとき、お寺に隣接する高台に錦江公園墓地を造設した。

みなさんのご先祖が、陽の光をいっぱいに浴び馨《かぐわ》しい空気をぞんぶんに吸い込んで、ゆっくりお休みになれるように、いい経文をたっぷり聞いて満足されることを願って造ったものだ。そうすることで、みなさんやみなさんの子孫に末長く幸せになっていただきたい、と思ったからである。

もし墓地をどこに作ったらよいか迷っていらっしゃる方がいらしたら、わたしのところへ来ていただければ、わたしの寺の墓地で、みなさんが安心できるよう、ご供養させていただく。

自分の先祖が満足すれば、先ほど申しあげたように、先祖が守護霊となって、子孫を守ってくれる。それと同時に、先祖が満足していれば、それが子孫の深層心理を満足させ、その結果、家庭は明るくなり自然と繁栄するものだ。逆に、先祖が満足せず、不成仏霊となり子孫に取りすがると、子孫は暗くなり家庭も沈んでいくのである。

わたしはこの寺のあるかぎり、この墓地に眠る精霊がみな成仏し、子孫に栄えていただけるよう、毎日祈り続けている。機会をつくられ、一度ご覧いただけたら幸いである。必ず納得いただけるものと信じている。

こんなに功徳がある不動真言

三章で書いたように、不動明王はあらゆる仏の中で最も力のある明王である。したがって、不動明王の真言は、諸仏の真言の中でも最も功徳のある言葉だと昔から珍重されてきている。

（真言というのは「仏の真実の言葉」という意味で、その一字一句の中に無量の意味がある。したがって翻訳は不可能であり、梵語をそのまま音写したものだ。弘法大師は『般若心経秘鍵』の中で「真言は不思議なり　観誦《かんじゅ》すれば無明《むみょう》を除く　一字に千理を含み　即身に法如《ほうにょ》を証す。」といっている。それほどありがたい言葉だということである）

この不動真言には護身の力があると伝えられている。つまり繰り返し繰り返し唱えれば、自分の身を守る力がつくということだ。

では、この不動真言は、どのように誦《しょう》したら効果があるのか。それをお教えしよう。

まず服装を整えて正座をする（座禅の姿勢でもよい）。この場合、不動明王像があればその像に向かって座るのがいちばんよいが、なければ壁に向かってでもよい。

次に心を落ちつけるために腹式呼吸を行う。やり方はこうである。背筋をしゃんと伸ばし、鼻から息をゆっくり大きく吸い込む。このとき、息を吸う音が聞こえないようにするのがベストだが、最初のうちは聞こえてもかまわない。

次に体内に取り入れた空気をいったん腹部へおさめてとめる。次に口からゆっくり大きく息を吐き出す。このとき、吐き出しながら腹部を引っ込めることが大切である。つまり腹にたまった空気を全部吐き出すつもりでやることだ。

これをゆっくり十回繰り返す。十回やる頃には吸う息、吐く息の音が耳に聞こえなくなっているはずである。

次には不動明王の燃え上がる姿を想像し、不動明王の火全部を自分の体内に取り入れるつもりで、前と同じように息を吸う。

次には体内に入った火がゴウゴウと自分の内部で燃えている様子を想像し、その火をしばらく体内にとどめる。

次には、その不動明王の猛焔にあおられて、居場所のなくなった貪《とん》・瞋《しん》・痴《ち》の三毒はじめ、もろもろの煩悩、因縁、悪が自分の体内から逃げていくと想像し、前と同じように、腹部を引っ込めながら、大きく息を吐き出す。

これを十回やるのである。

これが準備段階である。なお、この腹式呼吸は、これだけで非常に効果のある健康法である。ぜひやっていただきたいと思う。

さて、次はいよいよ真言をいう番である。

不動明王の真言には三種類あり、いちばん長いものを大呪《たいじゅ》（火界呪《かかいじゅ》ともいう）、真ん中のものを中呪《ちゅうじゅ》（慈救呪《じくじゅ》）、短いものを小呪《しょうじゅ》という。

実際に用いられるのは、ほとんどが中呪＝慈救呪である。慈救呪は三章で述べた——

なうまくさんまんだ　ばざら　だん　せんだん　まかろしやだ　そわたや　うんたらたかんまん

——である。

この短い呪を、手に印契を結び、心に不動明王を念じながら、繰り返し繰り返し誦するのである。

一般の人の場合、慈救呪を一回いうのに約五秒かかる。したがって、一分間に十二回、一時間休まずに繰ると七百二十回ほどになる。

真言のいい回しやイントネーションは、しかるべきお寺で習っていただきたい。

さて次は不動尊の印契だが、不動尊には十四の根本印がある。そのうち最も多く使われるのが上図に示した独鈷《とっこ》印である。（独鈷とは三鈷や五鈷と同じく密教の法具。元はインド神の武器であったものが、密教へ入り形を一部変え法具となった）

結び方は、左手を下に、右手を上に、左右両手の指を互い違いに内側へ差し込む（これを「内縛《ないばく》」といい、キリスト教の礼拝のときのように外側へ指を出すのを「外縛《げばく》」という）。その後両手の人差指を立ててその先端をくっつけ、親指は中へ入れて反対の手の中指の甲（爪）を押さえる。

これで独鈷印のできあがりである。

このようにして、あとは自分の気のすむまで慈救呪《じくじゅ》を誦すればよいのである。

このとき大事なのは、ただ真言をいうだけではなく、絶えず心の内に不動尊の姿を想像し、「自分は不動尊である」と思い込み、自分の体内にある因縁や悪徳を燃やし尽くそうと努めることである。ただ、だらだらと真言をいっているだけでは、効果はあまり期待できない。

これがちゃんとしたやり方だが、いつもこのようにきちんとやらなくてもよい。家庭の主婦の方ならば、洗い物をしながら「なうまくさんまんだ」と真言をいってもいいし、サラリーマンの場合には、通勤途上でいったり、昼休みにビルの屋上などで誦してもよい。このようなときには、正座をしたり印契を結んだりする必要はない。電車の中などであれば、他人に聞こえないよう、小さな声で誦してもかまわない。

大切なのは、どこでおやりになる場合でも、自分は不動明王なのだと観じ、心にあの不動明主の火炎をいつもゴウゴウと燃やすことである。こうして内護摩《ないごま》を焚くことで、自分の内部に巣くっているさまざまな悪徳、因縁を、自分の体内から追い払ってしまうことが大事である。

この不動真言は、何百回、何千回と唱えているうちに不思議に頭脳が澄んでくる。いままでわからなかったことがわかるようになり、忘れていたことが思い出せるようになり、記憶力も飛躍的に増大するのである。

これは、おそらく不動真言を一心に誦することで、それまで眠っていた自分の細胞が活性化し、生き生きと動き出すためではないかと思われる。

不動真言にはこのように、「自分の身を守る」「願いごとがかなう」「健康になる」「心に落ちつきができる」「頭がよくなる」「記憶力が増大する」といった、さまざまな功徳がある。

みなさんにぜひ実践していただきたい、簡便な開運法である。

あなたを守る「護身法」のすすめ

密教には、わたしが行っている「不動法」「護摩法」はじめ、実にさまざまな行法がある。その中で、最も簡便で、最も枢要とされているのが「護身法」である。

護身法というのは、行法を行う際、行者が自分の身を清め、自分の身を堅固にするために、最初に修する行法である。

護身法を行うには、壇もいらないし、法具も必要ではない。使うのは自分の身体だけである。そのために、行者だけでなく、信者さんでも自分でやる人は数多い。

これを覚えておけば、実生活でもずいぶん役に立つ。この節のしめくくりとして、護身法のやり方を紹介しよう。ただし、実際におやりになる前には、必ずしかるべきお坊さんの指導を受けてから始めていただきたい。

まず、姿勢を正して、正座するか座禅を組む。

最初に、自分の三業（身業・語業・意業）＝166ページ参照＝を浄める。これを「浄三《じょうさん》業《ごう》」といい、蓮華合掌の印（図①＝胸の前で掌を合わせ真ん中を少しふくらませる）を結ぶ。こうして「おんそははんばしゅだ　さらばたらまそははんばしゅどかん」（一切の物は清浄であり、自分もまた清浄である、という意味）の真言を誦する。

これは、前にも申しあげたように、わたしたちは本来は仏であり清浄なのだが、貪・瞋・痴の三毒はじめ、多くの因縁・煩悩のため汚れていて、自分の仏性がわからなくなっている。だから、蓮華合掌をして（蓮華は清浄な仏性の象徴である）、この真言を何回も繰り返すことで、身語意の三業を浄化しようというのである。

こうしてまず自分の身語意を清浄にする。次に、自分の清められた身語意の三密に、仏の三密を盛りこむ修法を行う。

〈図①〉

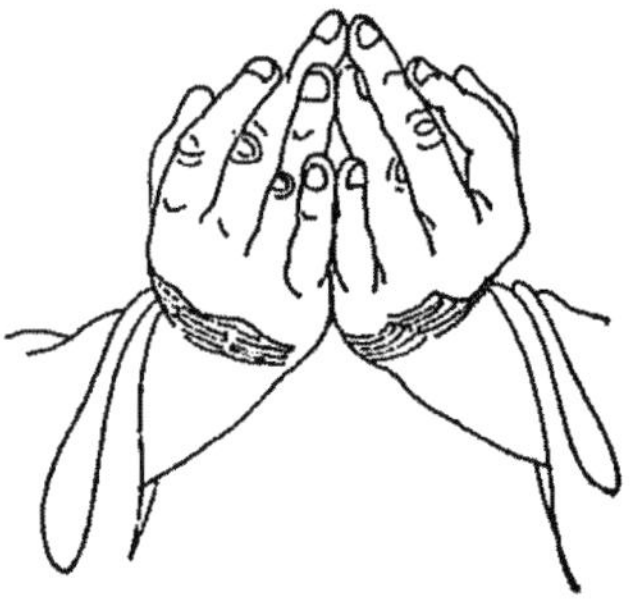

〈図②〉

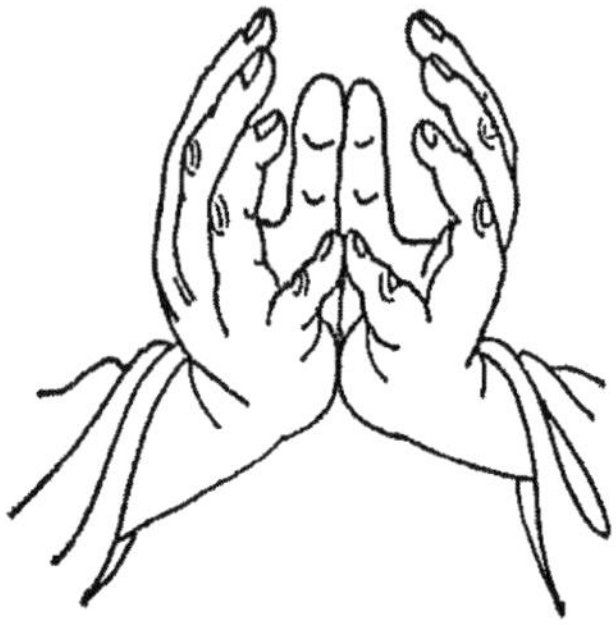

〈図③〉

これを「三部」といい、中身は「仏部」（身密）、「蓮華部」（語密）、「金剛部」（意密）の三段階に分かれている。

その最初が「仏部」であり、自分の内部に仏の身密を盛り込む修法である。

ここでは仏部の印（図②＝両手の掌を合わせたまま、両手の人差指をそれぞれの中指の背に丸くつけ、親指は離して立てる）を結び、「おんたたぎゃとどはんばや　そわか」（仏の霊徳が自分の身体に発生する、という意味）の真言を繰り返す。

二番目は「蓮華部」で、これは仏の語密を自分の身体に盛り込む修法である。

八葉印（図③＝①の蓮華合掌から人差指、中指、薬指の三本を離した格好にする。親指と小指はくっつけたままである）を結び、真言は「おんはんどぼ

どはんばや　そわか」（蓮華のような仏の大慈悲が自分の言葉に発生する、という意味）を繰り返す。

三番目は「金剛部」といい、仏の意密を自分の身体に盛り込む修法だ。

印は三鈷杵（図④＝両手の背を逆方向にくっつけて、親指と親指、小指と小指をそれぞれかけ合わせて三鈷の形を作り、それを水平にして腹部に置く）。真言は「おんばざろ　どはんばや　そわか」（金剛のような智恵が自分の心に発生する、という意味）であり、これを繰り返し誦するのである。

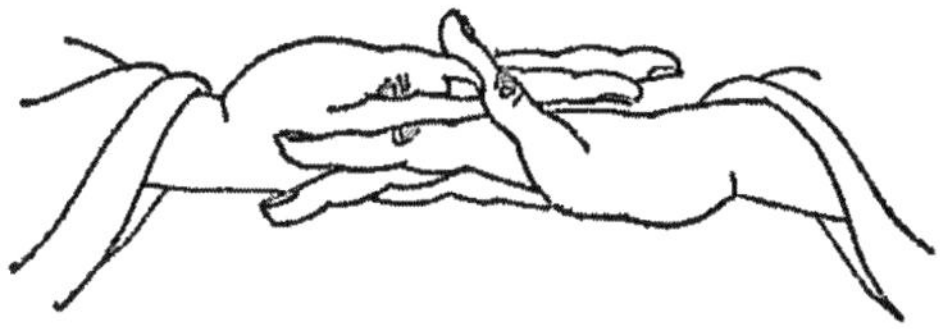

〈図④〉

こうして「三部」が終わる。「浄三業」で自分の三密を清め、「三部」で自分の三密に仏の三密を取り入れ、かくしてみなさんは仏の子として生まれかわるのである。

次はいよいよ行場を離れ世間へ出ていく番である。しかし、世間は三毒・煩悩荒れ狂う修羅の巷《ちまた》である。その修羅の巷へ出るためには、仏の子である自分の身を守る準備をしておかなくてはならない。そこで最後のしめくくりに、自分の身を守る修法を行う。

これを「被甲護身《ひこうごしん》」といい、甲冑《かっちゅう》印（図⑤＝両手を256ページの独鈷印のように内縛し、中指二本を立てて先端をくっつけ、人差指を中指の背のほうへもっていき、少し離して立て、親指は並べて立てる。つまり、小指と薬指が内縛状態で、残りの三本ずつの指は立っている）を結び、真言「おんばざらぎにはらちたはや　そわか」（大慈悲心の炎の輝きこそ護身の極意である、という意味）を繰り返し誦するのである。

〈図⑤〉

――これが「護身法」である。「浄三業」から「被甲護身」までの五段階。つまり五種類の印契と五種類の真言を覚えさえすれば、形だけは誰にでもできる簡便な行法だ。拍子抜けされたであろうか。おそらくみなさんは「護身法」というからには、何か特別な秘法があって、その秘術を身につけ自分の身を守る〝護身術〟のようなものを想像されていたのではないかと思う。

密教の「護身法」は武器、武術を身につけて身を守るのではない。仏の大慈悲を身につけて自分の身を守るのである。つまり、相手と敵対するのではなく、たとえ相手が敵であっても、仏の大慈悲の力をもって味方にしてしまうというものなのである。

この世に仏の大慈悲にまさる武器はない。

このように護身法の行法自体は簡便だが、自ら仏となり大慈悲を身につけるとなると、容易なことではない。簡便とはいえ、奥は限りなく深いのである。

しかるべき師につき、繰り返し繰り返し修法していただきたいと思う。

4 人類の明日のために

現世利益だけでは本当の幸福はつかめない

わたしがこの本で繰り返し申しあげてきたように、宗教というのは、人を救うためのものである。

この世の中には、いろいろな苦しみがある。仏教はそれを四苦、あるいは八苦と表現している。

四苦というのは生《しょう》・病《びょう》・老《ろう》・死《し》、つまりこの世に生を受けた苦しみ、病になる苦しみ、老いる苦しみ、死の苦しみの四つであり、八苦とは、この四苦に愛別離苦《あいべつりく》（愛するものと別れ離れなければならない苦しみ）、怨憎会苦《おんぞうえく》（嫌なものに会わなければならない苦しみ）、求不得苦《ぐふとくく》（ほしいものが手に入らない苦しみ）、五蘊盛苦《ごうんじょうく》（欲望が盛んに起こり抑えがたい苦しみ）の四つを加えたものだ。

徳川家康は「人の一生は重い荷物を背負って遠い道を歩いていくようなものだ」といったが、まことにその通りであろうと思う。

世の中はこのように、さまざまな苦しみに満ちている。

その苦しみを少しでも少なくしてあげるのが宗教の役目である。苦を取り除いて、楽しい毎日が送れるようにしてあげたい、というのがわたしの願いである。

「抜苦与楽《ばっくよらく》」と仏教ではいうが、苦を抜くのが慈悲の悲、楽を与えるのが慈である。

この世に生まれたからには楽しく幸福に生きたい、というのが誰しもの願いであるはずだ。病気で苦しみ、人間関係の不和で苦しんでいて、どうして心が満足できるだろうか。「衣食足りて礼節を知る」というように、現在の生活が満ちたりて、初めて心が満足し、幸福な生活が送れる。

仏教では、このように、苦を取り除いて現実の生活にさまざまな利益を与えることを「現世利益《げんぜりやく》」という。わたしは、この「現世利益」が宗教にはきわめて大切であると思う。

その意味で、わたしはいまの仏教には、現世利益があまりにも少ないのではないかと思う。何の利益もないまま、まじめな生活をしなさい、仏さまを信じなさいといっても、誰もついてこないのではないか。苦しみが続くかぎり、心の満足は得られず、いっこうに幸せになれないからである。

新宗教が人を惹《ひ》きつけるのは、おそらく、人々に熱烈に祈れ、と祈る方法を教えたことと、現世利益を前面に押し出して、激しくアピールした点にあるのではないか、とわたしは思う。

祈りは宗教の基本《ベース》である。それにもかかわらず祈ることを忘れた宗教家がたくさんいる。現世利益は宗教の力《パワー》である。それなのに、現世利益を与える力を失い、人々を惹きつける魅力を失った宗教家が多い。

たいへんに残念なことだけれど、ここいらあたりにわたしは、既存仏教がともすれば新宗教に押され気味になる原因があるように思えるのである。

誤解のないようにお断りしておくが、わたしは、現世利益が絶対であるというつもりはまったくない。現世利益は絶対ではないけれど、少なくとも、宗教には現世利益が必要であり、現世利益があればこそ、宗教が今日まで多くの人々の心を惹きつけてきたのではないか、ということを申しあげたいのである。

現世利益のない宗教は無力ではないかと思うのだ。少なくとも密教はそうではない。密教は現世利益――生きることの楽しみ、喜びを熱烈にうたう宗教である。

苦しさから脱出できてこそ、心が満足し、幸せな生活が送れるのだ。

しかし、もちろんそれだけで終わってしまってはダメである。

病気が治ったというのは、たしかに幸せなことにはちがいないが、しかし、それは小さな幸せである。もう一度病気になれば、また同じように苦しまなければならない。いつまでたっても、心の本当の満足は得られない。「現世利益」は、あくまでも一つの方便（手段）であり、目的ではない。

自分は助かった、ありがたいと思ったら、今度は自分が人にそうしてあげることが大切なのだ。これを仏教では「自利《じり》・利他《りた》」という。まず自分がしっかりした力をつけ、今度はその力で苦しんでいる人を助けてあげるのだ。

人間の欲には限りがない。自分さえよければよいという小さな欲、自分のことしか考えない卑小な我欲にとらわれているかぎり、苦しみは癒《い》えることがない。もっともっといろいろなものをほしがるものだ。これでは永久に心の満足を得ることは望めない。いつまでたっても救われないのである。

わたしたちは、この世に生きているだけでいろいろな因縁を作っている。自分が生きている間に善行を積んでその因縁を断っておかないと、自分がこの世で作った因縁が、自分の来世や子孫に災いとなってはね返るのである。

仏教にはいろいろな戒律があり、日常の行動や行為を厳しく戒めているが、その戒律でいちばん基本になるのが五戒である。

五戒とは①不殺生戒《ふせつしょうかい》②不偸盗戒《ふちゅうとうかい》③不邪淫戒《ふじゃいんかい》④不忘語戒《ふもうごかい》⑤不飲酒戒《ふおんじゅかい》である。すなわち、殺すな、盗むな、邪な性《よこしまセックス》をするな、人の心をまどわすことをいうな、酒を飲むなということである。

わたしたちは、この五戒を守れるであろうか。

「不偸盗」とは単に物品を泥棒するということではない。経営者が不当に安い賃金で労働者を使うのは、労働者の労力を盗むことであり、サラリーマンが勤務時間中に喫茶店などでサボルのは、会社の時間を盗んでいることになる。

「不邪淫」とは婚外の性行為だけをさすのではない。夫婦間のそれであっても、一方の意思を無視したものは「不邪淫」である。

したがって、よほどの人でないかぎり、わたしたちは五戒を破らなければ生きていけない。言葉を変えれば、わたしたちは、毎日毎日、五戒を犯しながら生活している。

それがすべてわたしたちの因縁となり、わたしたちの来世へ、子孫へもちこされる。

だからわたしたちは、生きている間に、自分が作った因縁（業）を断っておくために、真摯《しんし》に仏に祈ってざんげをし、正しい生活をしなければならない。いまふうにいえば、このようにして五戒を犯したマイナスをプラスに転化するよう努力しなければならないのである。

現世利益は大切である。しかしそれだけでは十分ではない。いや、現世利益だけを追求し、仏の心を忘れるならば、それはもはや宗教ではない。それが宗教であるとすれば、邪教である。

布施の心を忘れた日本の悲劇

「六波羅蜜《ろくはらみつ》」というものがある。これは「五戒」とは逆に、僧侶が努めなければならない六つの徳目を定めたものだ。

その内容は①布施《ふせ》（ほどこし）②持戒《じかい》（戒律を守る）③忍辱《にんにく》（耐える）④精進《しょうじん》（努力して修行をする）⑤禅定《ぜんじょう》（心を落ちつかせる）⑥般若《はんにゃ》（最高の智恵）の六つである。

つまり、布施をし、戒を守り、忍耐努力し、心の安定を得ることで菩薩の最高の知恵を得るという段階を示したものである。

その最初に布施が置かれている。
「四摂事《ししょうじ》」というものがある。僧侶が衆生を導くための四つの徳目を定めたものである。その内容は①布施《ふせ》②愛語《あいご》（愛情のあるやさしい言葉で話しかける）③利行《りぎょう》（衆生にさまざまな利益を与える）④同事《どうじ》（衆生と一緒になって努力する）というものだ。

この最初も布施である。

「六波羅蜜」も「四摂事」も、ともに布施を最初に置いている。

なぜか――。それは、小さな我欲を離れ人を救ういちばんの基本になるのが、この布施だからである。布施というのは、僧侶や困っている人に、惜しみなく自分の物を与えるということだ。

自分が苦しみから救われた、助かったと思ったら、次には、この布施の心をまず最初にもたなければならない。それが本当の幸福への第一歩《ファーストステップ》になる。繰り返すようだが、自分の利益だけにとらわれていては、いつまでたっても、苦しみが続くだけで、本当の心の満足は得られない。

この布施の心こそ、他人を慈《いつく》しみ、他人を尊重するという、わたしたち人間が生まれながらにしてもっているきれいな心である。

しかし、この点からいまの日本をながめてみると、どうであろうか。

わたしには、この布施の心が、日本人全体に欠如しているように思われてならない。

政界にしても、財界にしても、宗教界にしても、労働界にしても、文化学術界にしても、本当なら布施の心をもち、他人を利益《りやく》し、他人のために努力しなければならない人たちが、自分の欲だけにとらわれて、目前の利潤追求だけに血道をあげているように思われる。

いったい自分の身を粉にして、国のため、国民のために、一生懸命尽くしている政治家は何人いるのだろうか。自分の属する政党・派閥のためにだけ駆けずり回り、自分の利権獲得に奔走し、あるいは選挙の票集めのために、自分の地元の利権に狂奔する政治家が多いのではないだろうか。

財界、労働界もそうである。

経営者は自分の会社の利潤追求だけを目標にし、労働組合は自分の会社の労働者の利益向上だけを考えて、ともに国民全体の利益、生活の向上を考えようともしない。

わたしは、会社が計上する膨《ぼう》大な利潤の何パーセントかでも、社会に還元する努力をしていただきたい、そのような布施の心をもってほしいと願うのである。還元する人がいたとしても、ごく一部の人だけというのが現状ではないであろうか。

これでよいのであろうか。わたしには、いまの日本は、どこを見ても我欲・物欲のかたまりとしか思われない。ことに人をリードしていくべき人たちに、そのような傾向が強いように思われる。悲しいことである。

ただ物（金銭）だけが尊重され、人間の心は忘れ去られ、人の精神は荒廃する一方である。かつて日本人が心の友とした美しい自然は「文明」の名のもとに次々と破壊され、それとともに人の心は荒《すさ》んでゆく。

今後もこのような状態が続き、もし将来、日本が核兵器をもつようなことにでもなれば、日本人が真っ先にそのボタンを押すのではないかという恐怖すら、わたしは抱くのである。

それだからこそ、いま日本人が布施の心をもち、お互いがお互いを尊重し助け合う、人間らしい姿に帰ることが、何よりも急務なのではないかと思う。不動明王のように裸の奴《ぬ》僕《ぼく》として衆生救済にあたる、あの精神が必要だと思うのである。

わたしがつたない本書の筆を、あえてとったゆえんもそこにある。

仏教では、わたしたちが生きる世界を「六道《ろくどう》」といい、天上、人間、阿修羅《あしゅら》、畜生、餓鬼、地獄の六つに分類して、前三つを「三善道」、後三つを「三悪道」としているが、いまの日本のありようは「三悪道」にほかならないように思われる。

人間はいつから謙虚さを失い、いつからこれほどまでに傲岸《ごうがん》になってしまったのであろうか。

大欲に生きる

弘法大師は『御遺告《ごゆいごう》』の中で、こういっている。

「入定《にゅうじょう》の後は兜率天《とそつてん》に往生して、弥勒慈尊《みろくじそん》の御前《おんまえ》に侍《はべ》るべし。五十六億年余ののち必ず慈尊と共に下生してわが先跡を問うべし。」

弥勒慈尊というのは、釈尊没後五十六億七千万年たってからこの世に現れ、わたしたち衆生を救うために、現在は兜率天で修行をしていると伝えられる弥勒菩薩《みろくぼさつ》（マイトレーヤ）のことである。

したがって、この言葉の意味は、「自分は死んだ後、弥勒菩薩が修行中である兜率天に行く。そしてそこで弥勒菩薩とともに修行をする。弥勒菩薩がこの世に現れるときには、自分も一緒に現れて、もう一度衆生救済にあたりたい」ということである。

大師は五十六億七千万年後に、もう一度この世に生まれたいというのである。

驚くべき決意である。驚嘆すべき欲望である。これ以上大きな欲はあるまいとわたしは思う。そして、同時に、これこそが諸仏諸尊の悲願であろうと思う。

不動明王のあの忿怒の相も、そのような「大欲」から、「助けないでおくものか」という剛《つよ》い決意から、あのような姿となって現れたものであろう。そう考えると、カッと見開かれた不動明王のあの恐ろしい目に、いいようのない悲しみが宿っているようにも思われてくるのである。

しかし、ひるがえって、わたしたちはどうであろうか。そのような大欲がわたしたちにあるであろうか。

わたしたちには、さまざまな欲望がある。欲望があるからこそ生きていくことができる。この欲望とは、いったい、どのようなものなのか。

密教以外の顕教《けんぎょう》では、人間の欲望は汚《けが》れたものとして、すべての欲望を否定する。否定して、否定して、なお否定して解脱をし、悟りの境地を得るのが顕教の立場だ。

密教はそうではない。密教では、わたしたちの欲望そのものは否定していない。逆に欲望は本来は清浄なものである。本来は清浄なのだが、この世のいろいろな悪に染まり汚れているのである。仏教ではタブー視している性の欲望も、密教は性は本来清浄であると肯定する。

『理趣経《りしゅきょう》』（正しくは『大楽金剛不空真実三摩耶経《だいらくこんごうふくうしんじつさんまやきょう》』。別名『般若波羅密多理趣品《はんにゃはらみったりしゅぼん》』ともいう）では、「妙適清浄句是菩薩位《ビョウテキセイセイクシホサイ》」（妙適、つまり男女が結びついた性的エクスタシーは清浄な菩薩の境地である）として、次に「欲箭《よくせん》」（男女が相手を激しく思うこと）「触」（男女の肌のふれあい）「愛縛《あいばく》」（男女がお互いに相手を離しがたく思うこと）などは、それが正しいものであれば清浄であり菩薩の境地であると説いているのだ。

人間であるからには、欲望があるのはあたりまえである。人間があらゆる欲望をなくしてしまったら、干からびたミイラも同然になってしまう。わたしたち人間が一切の欲望抜きで生きられるものであろうか。あれをしたい、これをやりたいという欲望があるからこそ、その欲望がエネルギーとなって、わたしたちを支え、引っ張ってくれるのではないだろうか。

わたしにも欲望がある。みなさん全部に幸せになってほしいというのが、わたしの最大の欲望だ。そのためにもっともっと力をつけたいという欲望も、わたしにはある。

問題になるのは、その欲望がどのようなものなのか、ということであろう。

わたしたちは、あまりにも小欲・我欲に取り憑かれすぎてはいないであろうか。我欲・物欲は、さきほど申しあげたように、求め始めるときりがない。次から次へと新しい欲望が起こり、心はいつも飢餓状態で、飢えに飢え、乾きに乾いて、いつまでたっても満足することがない。

仏のように衆生全部を救おうという気の遠くなるような欲でなくてもよいのだ。自分だけの利益を考えないで、ひたすら他人のためになることをしてあげたいと思うのが、清浄な欲望である。

他人のことばかりしていたら、自分は損するばかりじゃないかと思われるかもしれないが、そうではない。もし損をしたとしても、そのような損は小さな損だ。他人を助ければ、その損を補ってあまりあるもっともっと大きな得が得られる。

「人一人救えば菩薩の位《くらい》」という言葉があるが、人一人を救うというのは、それくらい大変なことである。

人間の生命は、いくら頑張って生きても、せいぜい百年である。小さな欲に生きれば、それだけ自分も小さくなる。大きな欲をもって生きれば、それだけ人間は大きくなり、長生きできる。場合によっては、何百年も、何千年も生きられるのだ。お釈迦さまは経文を通していまもわたしたちの中に生きている。弘法大師でも同じである。前に申しあげた、ベートーベンも、シェイクスピアも、ミケランジェロも、みなそれぞれの作品を通して、わたしたちの中に生きている。

清浄な欲、大欲をもてば、みなさんもそれができるようになる。そのようにすれば、みなさんも人間の楽を超えた、もっともっと大きな楽である「大楽」をつかむことができるのだ。

わたしは、このような欲をもち、これからもわたしの「行」を続けていきたい。みなさんと一緒にわたしの生命の炎を燃やし続けたいと思うのである。

このようにして、わたしと縁のできた人に幸せになってもらい、今度は、その幸せになった人に自分の生命の炎を燃やして他の人を助けていただく。このような実践の輪、生命の灯を大きく大きく広げていきたいと思う。

現在のわたしはマッチ一本の火にすぎないかもしれないが、みなさんと一緒に努力することで、やがてそのマッチが二本になり、三本になり、ついにはあらゆる核兵器をも圧倒しうる平和の、信仰の炎となって、この大宇宙いっぱいに燃え上がる――そのような日が必ずくると信じて、わたしは「行」を続けている。

弘法大師は「虚空尽き、衆生尽き、涅槃《ねはん》尽きなば、我が願いも尽きなん」（『性霊集・高野山万灯会願文』）といっている。この大宇宙が消滅し、生きとし生けるものすべてがいなくなり、寂静の境地がなくなるまでは自分は願い続ける——という、悲痛なまでの魂の叫びである。

わたしも、そうありたい。

みなさん全部に幸せになっていただくまで、何度でも何度でも生まれかわって、苦しい行をなお重ね、みなさんを助けたいと、熱烈に思うのである。

本書は昭和五七年七月に㈱潮文社より発行された
『密教の秘密』を新版として改訂し出版したものです。
なお本文中の時制等は基本的に原本のままになっております。

池口　恵観　プロフィール

高野山真言宗宿老
高野山傳燈大阿闍梨　定額位大僧正
高野山別格本山清浄心院住職
烏帽子山最福寺開山
江の島大師法主
医学博士

昭和十一年十一月十五日鹿児島県肝属郡東串良町に生まれる。
高野山大学文学部密教学科卒業。
行者であった両親の指導を受け、幼少の頃から真言密教・修験道の修行に励む。
高野山真言宗北米・南米総監部巡回伝導部長として真言密教の海外布教。
平成元年五月前人未到の百万枚護摩行を成満。
八千枚護摩行を百二座成満（中国西安大興善寺にて二座）。
世界各地で戦争犠牲者の供養と世界平和祈願の巡礼を行っている。

岡山大学医学部・兵庫医科大学・京都府立医科大学・北海道大学・山口大学医学部・高野山大学・関西外国語大学等客員教授。

広島大学医学部・広島大学歯学部・金沢大学医学部・久留米大学医学部・大阪大学健康体育部・大分大学医学部・弘前大学医学部・鳥取大学医学部・高知大学医学部・福井大学医学部・産業医科大学医学部等非常勤講師。

ロシア連邦ハバロフスク医科大学客員教授・名誉医学博士。

ロシア連邦科学アカデミー東洋学研究所顧問・客員教授・名誉歴史学博士。

台湾大学客員教授。フィリピン大学客員講師。

学校法人高野山学園理事・高野山真言宗宗機顧問等を経て、現在
山口大学医学部客員教授・高野山大学客員教授・関西外国語大学客員教授・金沢大学医学部非常勤講師。

◆受賞歴

昭和三十二年　全国学生相撲選手権大会優秀選手賞

平成十四年　密教学芸賞
平成二十四年　朝鮮民主主義人民共和国　親善勲章第一級
平成二十五年　鹿児島県体育協会　体育功労者賞

平成八年　米国カリフォルニア州カルバーシティ名誉市民
平成二十四年　フィリピンマバラカット市名誉市民

◆著　書

『空海と般若心経の心』（講談社）　『阿字』（リヨン社）
『秘密事相』（高野山出版社）　『密教の呪術』（ＫＫロングセラーズ）
『しあわせをつかむ心得』（法蔵館）　『弘法大師空海　救いに至る言葉』
『医のこころと仏教』（同文館出版）　他百数冊

新版

密教の秘密

著　者　池口恵観
発行者　真船美保子
発行所　KKロングセラーズ
東京都新宿区高田馬場4-4-18　〒169-0075
電話（03）5937-6803（代）　振替 00120-7-145737
http//www.kklong.co.jp

印刷・製本　大日本印刷（株）
落丁・乱丁はお取り替えいたします。※定価と発行日はカバーに表示してあります。
ISBN978-4-8454-2519-8 Printed In Japan 2023